Origami

Geschenke kreativ verpacken

1
2
3
nederland
nederland

Everdien Tiggelaar

Origami
Geschenke kreativ verpacken

Verlag Th. Schäfer
Hannover

Aus dem Niederländischen übersetzt
von Monica Barendrecht und Thomas Charpey

Abbildung 1 (Seite 2)

1 *Tato-Quadrat von S. 20*

2 *Noshi 1 von S. 28*

3 *Geschenkverpackung Kranich von S. 40*

ISBN 3-88746-266-1
Best.-Nr. 9213

Lektorat: Hugo Thielen M.A.

Originaltitel: Origami Thema's – Geschenkwikkels
Fotos: Studio Koppelman, Maarsen

Gesamtherstellung:
Th. Schäfer Druckerei GmbH, Hannover

Inhalt

BOEKENBON
F10,-
1305194886
25
1
2
3

Vorwort

Origami, die Papierfalttechnik ostasiatischer, insbesondere japanischer Herkunft, erfreut sich in den letzten Jahren auch bei uns wachsender Beliebheit. Und dies sowohl bei Kindern und Jugendlichen als auch bei Erwachsenen.

Die Verfasserin hat sich sehr intensiv über viele Jahre mit der japanischen Kultur beschäftigt, so daß man sie mit gutem Recht als Expertin für Origami bezeichnen kann.

Der vorliegende Band zum Themenbereich »Kreative Geschenkverpackungen« ist Bestandteil einer Reihe von mehreren Titeln, die unter unterschiedlichen thematischen Gesichtspunkten kreatives Arbeiten in der Origamitechnik ermöglichen.

Bei allen Bänden sind Übersichtlichkeit und Verständlichkeit wichtige Kriterien. Außerdem beschränken sich die Bände zu den einzelnen Themen jeweils auf ausgesuchte Arbeitsbeispiele. Sie stellen Grundmodelle vor, an denen exemplarisch falttechnische Grundmuster eingeübt werden können. Zugleich sollen sie die Eigenkreativität des einzelnen anregen, andere Gegenstände selbständig anzufertigen und eigene Ideen zu verwirklichen.

Auf den ersten Blick wirken die Zeichnungen verwirrend. Aber wenn man erst einmal anfängt, merkt man nach einiger Zeit, daß es wie von selbst geht.

Und immer werden Sie feststellen: Origami macht Spaß!

◀ Abbildung 2
1 *Gutscheinhülle von S.42*
2 *Sechseckiges Tato von S. 32*
3 *Noshi 2 von S. 30*

Einleitung

Eine Origami-Geschenkverpackung kann in vielerlei farbenfrohen und phantasievollen Variationen gemacht werden, und gerade bei einem Geschenk kommt es auf die Verpackung an. Es bekommt dadurch etwas Festliches. Zu einem hübschen Modell gefaltete Geldscheine sind ebenfalls eine originelle Geschenkidee; mit einem lauwarmen Bügeleisen läßt sich übrigens jeder Schein mühelos glätten.
In Japan haben Geschenkverpackungen eine lange Tradition. Die quadratischen und runden Modelle werden *Tatos* genannt, die länglichen heißen *Noshis*.

Noshi

Das Noshi war ursprünglich eine dünne Scheibe getrockneter Seeschnecke, in Seetang verpackt. Es war früher das Symbol für ein langes Leben und Schutz vor dem Bösen und wurde dem Shogun (kaiserlicher Feldherr) bei offiziellen Anlässen angeboten, oder es diente als Opfergabe an heiligen Stätten.
Nachdem die Kunst der Papierherstellung in Japan entwickelt worden war, wurden die Seetanghüllen aus Papier nachgebildet und hießen ebenfalls Noshi. Das Noshi begann ein Eigenleben zu führen, und als die Sitte entstand, bei Besuchen Blumen mitzubringen, wurden diese in ein Noshi gewickelt. Geschenke verpackte man in prächtiges Papier und verschnürte sie mit bunten Bändern, die zu Schleifen gebunden wurden. Diese Schleifen ähnelten einem Schmetterling, dem Symbol der Fruchtbarkeit, Anmut und Vergänglichkeit.

Heutzutage werden in Japan Geschenke zu den verschiedensten Anlässen herrlich eingepackt in wunderbares Papier, ohne daß Klebstreifen verwendet werden. Das Papier wird so gefaltet, daß es von selbst hält. Nur eine bunte Schnur, Mizuhiki genannt, wird um das Päckchen gebunden. Heute wird das Noshi oder Tato auf das Päckchen plaziert und hat dort die Funktion, die Schnur an der richtigen Stelle zu halten. Die Japaner machen gerne Geldgeschenke; und auch bei uns werden sie immer üblicher. Das Geld wird entweder gleich in ein Noshi oder Tato gewickelt, oder in ein Päcken mit einem Noshi obendrauf. Den oder die Scheine einfach so zu überreichen gehört nicht zum guten Ton, in Japan ebensowenig wie bei uns.
Eine schöne Geschenkverpackung kommt in Japan mehr zur Geltung als bei uns, da ein Geschenk dort nie gleich ausgepackt, sondern wenigstens einen Tag lang zur Schau gestellt wird. Ein sofortiges Auspacken wäre eine Beleidigung für den Schenkenden und Zeugnis einer ungebührlichen Neugierde des Empfängers.

Tato

Ursprünglich wurden neue Kimonos sorgfältig in sehr schönes Papier eingepackt, das farblich zum Kimono passen mußte, und die Falten im Papier wurden gewissenhaft geordnet. Dadurch, daß ein Kimono nach speziellen Regeln zusammengelegt wird, entsteht ein sauberes Quadrat, ziemlich flach, was eine

schöne, symmetrische Verpackung ermöglicht. Eine solche Verpackung wurde Tato genannt.
Das Tato bekam im Laufe der Zeit auch noch eine andere Bedeutung, nämlich die einer kleinen Tasche, die zwischen den Obi (die Schärpe) und den Kimono gesteckt wurde. Man bewahrte darin Nadeln, Nähgarn, Knöpfe, Briefmarken oder Kleingeld auf.
Eine dritte Bedeutung ist die des zusammengefalteten Briefes oder Briefumschlages. Man verwendet das Tato heute in Japan für Gedichte oder kleine Briefe, aber auch für Geldgeschenke.
Vielleicht werden in Zukunft auch bei uns solche kleinen Geschenke in Tatos oder Noshis überreicht werden, oder sie finden als Dekorationen auf größeren Geschenken Verwendung.

Erklärung der Symbole und die wichtigsten Faltformen

Symbole sind Pfeile, Punkte und gestrichelte Linien in verschiedenen Formen, die bei Origami in den Skizzen gebraucht werden, um zu verdeutlichen, was mit dem Papier geschehen soll. Diese Symbole sehen Sie im folgenden. Es empfiehlt sich, diese Beispiele gleich mit kleinen Faltblättern nachzufalten. Die einzelnen Faltungen sind alphabetisch gekennzeichnet. Eine einfache Papierlage nennen wir „Schicht", eine doppelte Lage wird oft als „Klappe" bezeichnet.

a Eine **gestrichelte Linie** bedeutet eine Faltung nach **vorn** oder nach **innen**. Der Pfeil, der diese Faltung angibt, hat eine **dunkle Spitze**.
Diese Falte heißt **Talfalte**, weil das Papier hier eine Art Tal bildet.

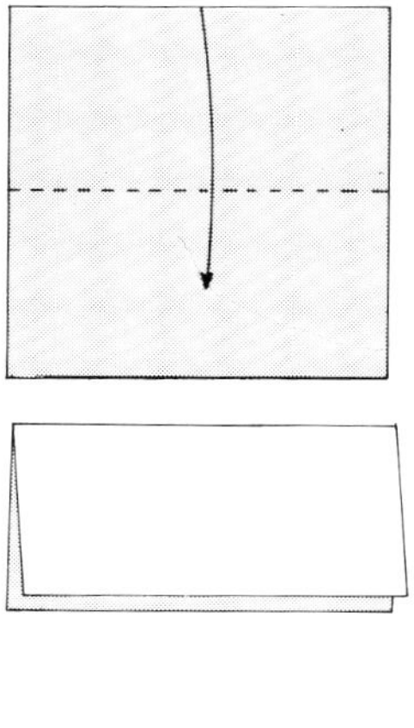

b Eine **Strichpunktlinie** bedeutet eine Faltung nach **hinten** oder nach **außen**. Der entsprechende Pfeil hat eine **helle Spitze**. Diese Falte heißt **Bergfalte**, denn nun bildet das Papier einen Berg.

c Ein Pfeil, der an beiden Enden eine **dunkle Spitze** hat, bedeutet, daß wir das Papier nach dem Falten wieder öffnen. Die Linie, die diese Faltung ergibt, heißt **Faltlinie** und wird von einer ununterbrochenen Linie dargestellt.

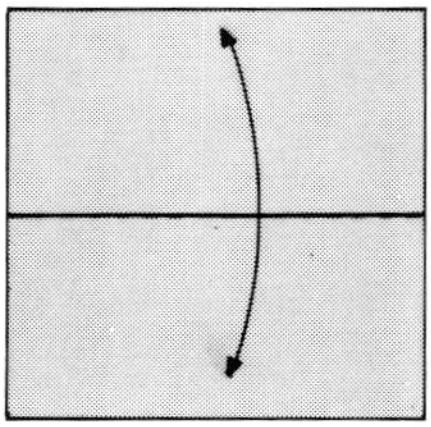

Ein **Kreis** auf der Figur bedeutet: **hier festhalten**.

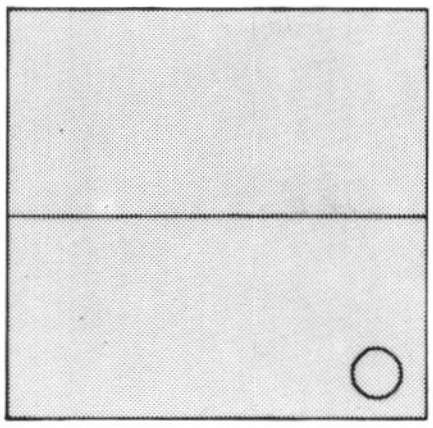

d Ein **schwarzes Dreieck** bedeutet, daß das Papier an dieser Stelle **eingedrückt** werden soll, und zwar meistens bis zu den angegebenen Linien. Die **gepunktete** Linie gibt die unsichtbare Faltlinie wieder.

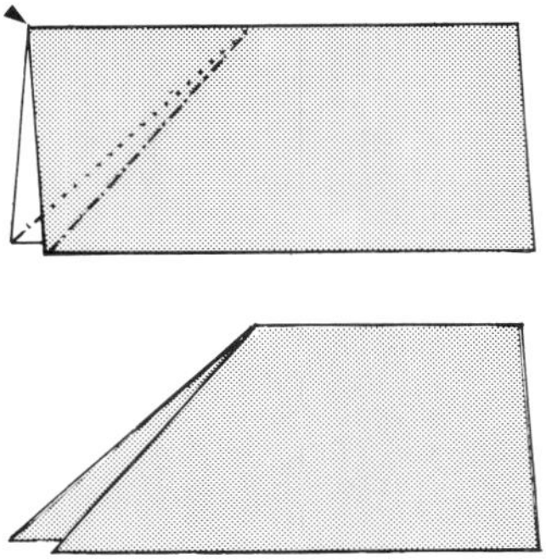

e Ein Pfeil mit **zwei Strichen** bedeutet **herausziehen**.

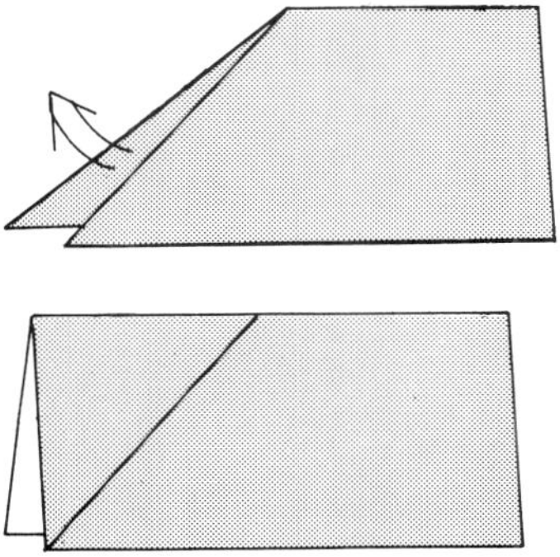

f Ein **Zickzackpfeil** bedeutet auch **zickzackfalten**. Es gibt einen einfachen Trick, um eine gleichmäßige Faltung zu erreichen, den wir später bei den Modellen beschreiben.

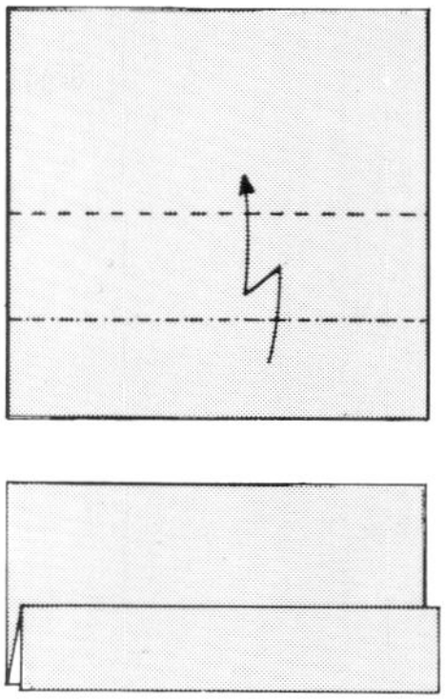

g Diese Falten in einem **ungefalteten Blatt** heißen **Schrumpffalten**. Das Papier wird auf der einen Seite kürzer und zugleich etwas rundgezogen.

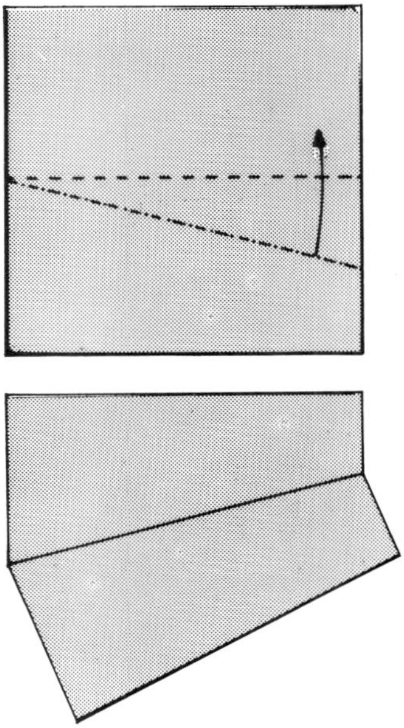

h Bei **einmal gefaltetem Papier** wird die gleiche Falte eine **Knickfalte** genannt. Diese wird oft bei den Tierpfoten benutzt.

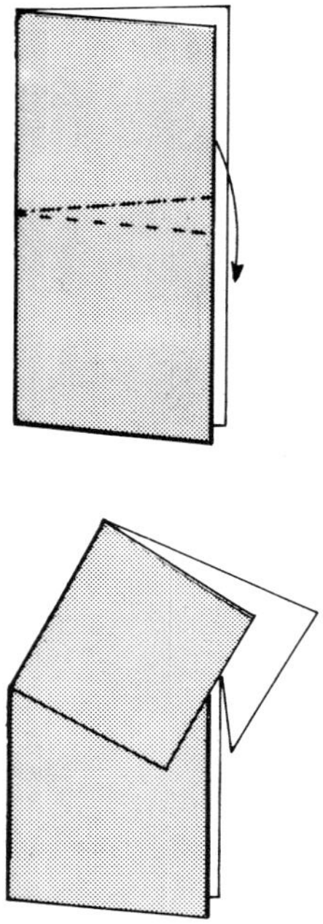

i Dieser Pfeil bedeutet, daß das nächste Modell **vergrößert** abgebildet ist.

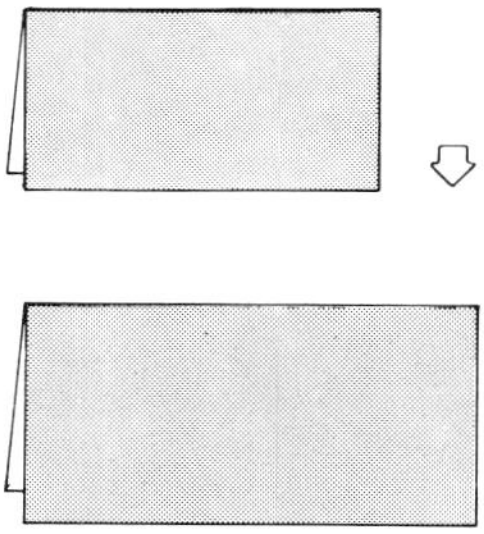

j Wiederholungspfeil; jeder Strich bedeutet eine erneute Wiederholung.

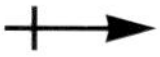

k Ein Pfeil mit einer **Schlaufe** bedeutet, daß das Modell vor dem nächsten Schritt **umgedreht** werden soll. Nicht die Unterseite nach oben, sondern die **Rückseite** nach **vorne** wenden.

l Eine **Bergfalte** mit einem dunklen Pfeil bedeutet eine Faltung, der wir häufig begegnen werden: es ist eine **Gegenbruchfalte nach innen**. Die Falten, die bei der neuen Figur entstehen, sind **Bergfalten**; die Faltung ist **zwischen** der vorderen und hinteren Papierlage, also **im Inneren** des Modells, ausgeführt worden.

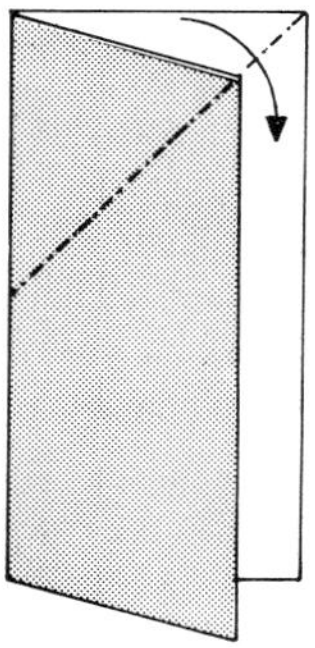

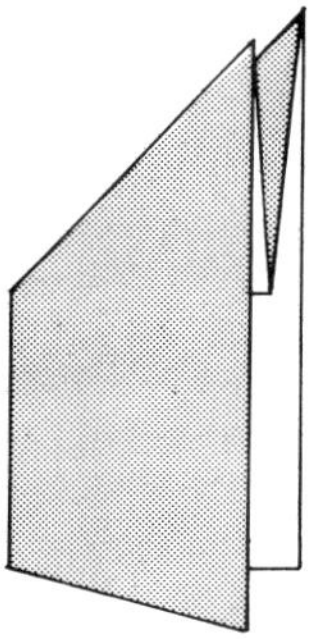

m Eine **Talfalte** mit einem hellen Pfeil heißt eine **Gegenbruchfalte nach außen**. Die Falte in der neuen Figur ist eine Talfalte geworden und ein Teil des Papiers ist um einen anderen Teil gefaltet, also **außen** herum.

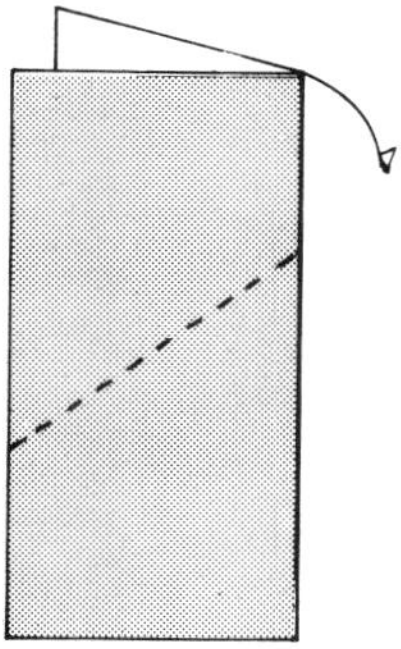

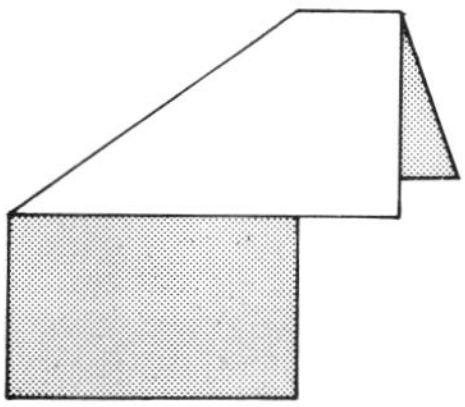

n Für die **Spreizfalte** nimmt man ein einmal gefaltetes Blatt. Man faltet die Mittellinie und die rechte Ecke nach den angegebenen Linien vor. Mit der **Bergfaltelinie** falten wir die obere Papierschicht nach links.
1 So gehen wir vor.
2 So sieht die **Spreizfalte** aus.

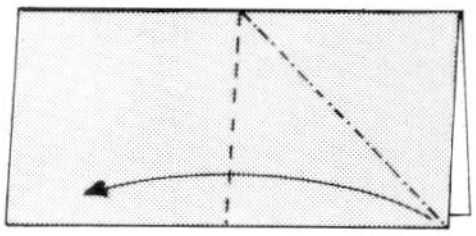

1

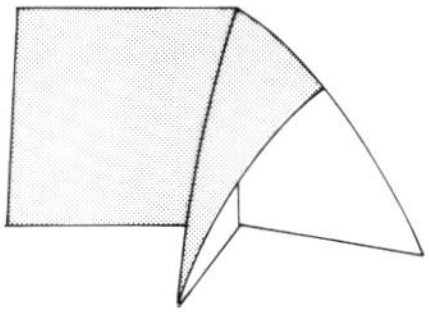

2

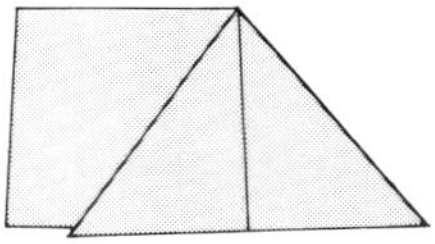

o Die **Kopf- und Schnabelfalte** ist, wie die folgenden Modelle, für die ersten Origamiversuche vielleicht noch etwas schwierig. Überspringen Sie sie ruhig; Sie können sie später noch einmal in Angriff nehmen.
1 Ein quadratisches Faltblatt zuerst vorfalten, indem man eine diagonale **Faltlinie** macht. Dann zwei Ecken an der Mitte entlang falten und die Figur einmal falten. Mit der **Talfaltelinie** wird jetzt eine **Gegenbruchfalte nach außen** gemacht.

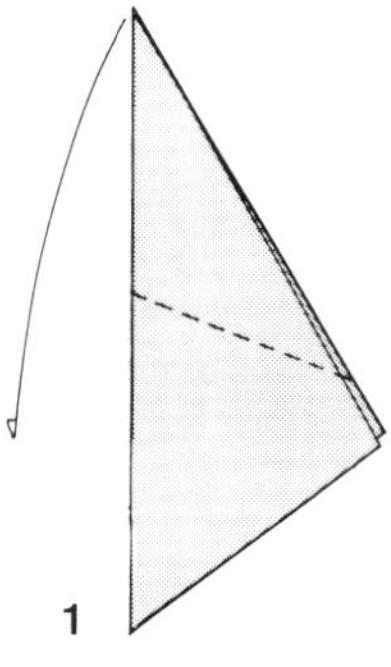

1

2 Eine **Zickzackfalte** für den Schnabel machen.
3 Der **Vogelkopf**

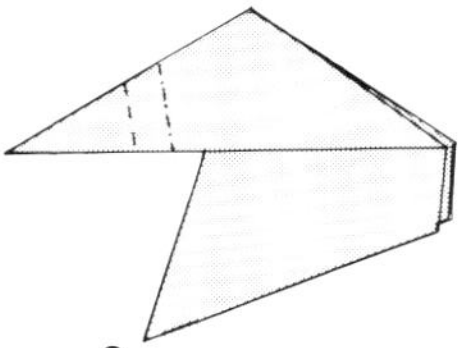

2

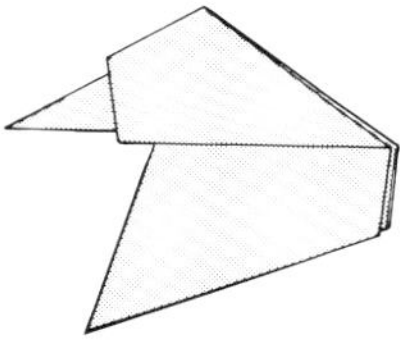

3

p Für eine **Pfotenfalte** machen wir in ein quadratisches Faltblatt zuerst eine **diagonale Faltlinie**, falten dann die Ecken an der Mittellinie entlang nach innen und dann nochmals nach innen.
1 Mit der offenen Seite nach rechts wird eine **Gegenbruchfalte nach außen** gemacht.
2 Die **Pfote**

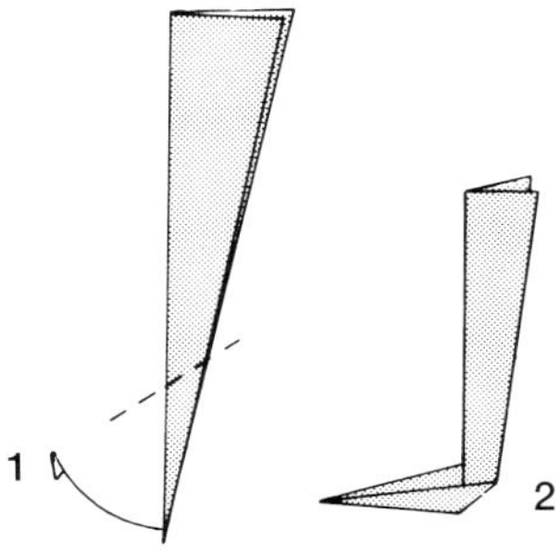

1 Jetzt wird mit der offenen Seite nach links eine **Gegenbruchfalte nach innen** gemacht.
2 Es entsteht dieses Modell.

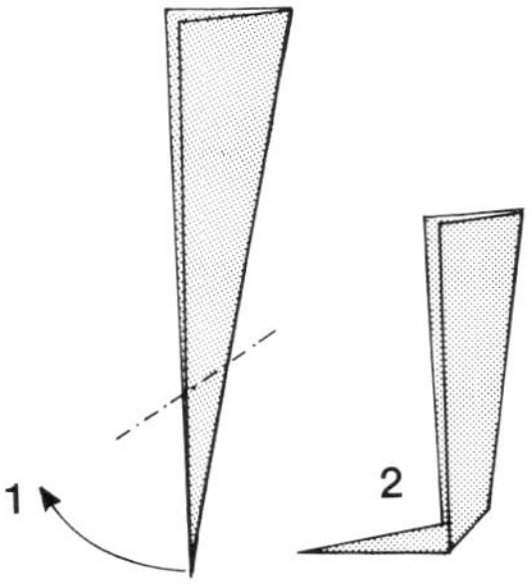

1 Dies ist eine **kombinierte** Faltung.
2 Zuerst nach rechts falten mit einer Gegenbruchfalte nach innen und wieder zurück.
3 Noch einmal eine **Gegenbruchfalte nach innen** machen.

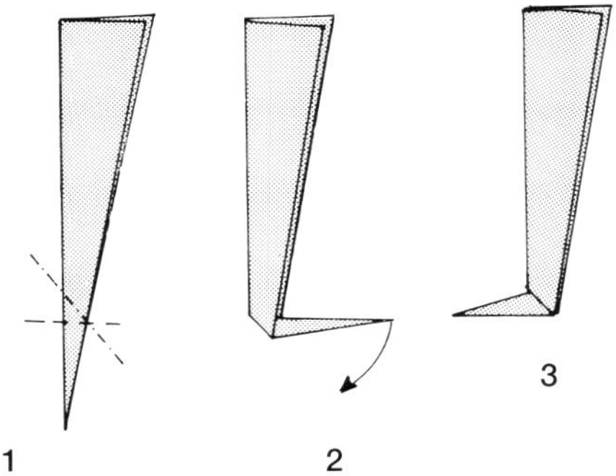

Es hängt ganz vom Modell ab, welche Pfoten wir gebrauchen können. In den meisten Fällen bleibt uns keine Wahl zwischen der ersten und der zweiten Art, weil das Papier schon in einer bestimmten Weise vorgefaltet ist, wie Sie in der Praxis entdecken werden.

q Für die **Kaninchenohrfalte** machen wir eine diagonale Faltlinie.

1 Dem Pfeil und der Talfaltelinie entsprechend diese Ecke an der Mitte entlang falten und die beiden Falten wieder öffnen.
2 Mit der **Berg- und Talfaltelinie** eine Spitze in das Papier falten.
3 Flach hinlegen.

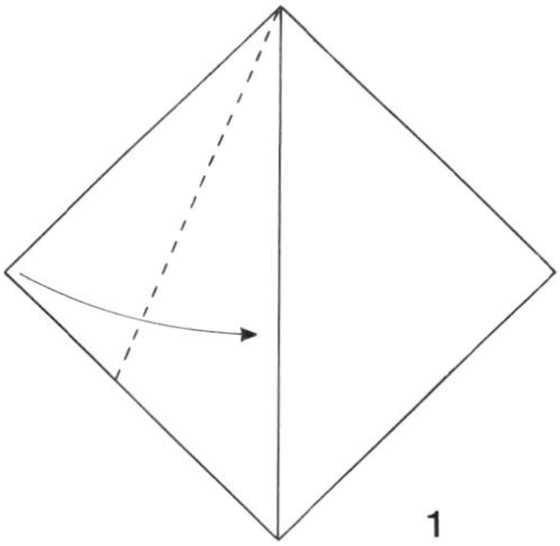

1

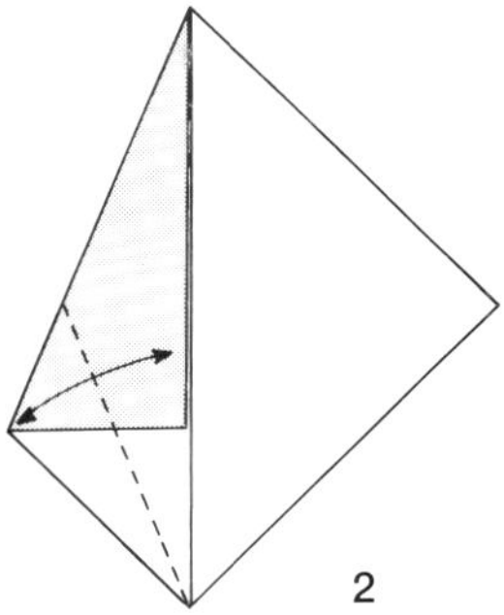

2

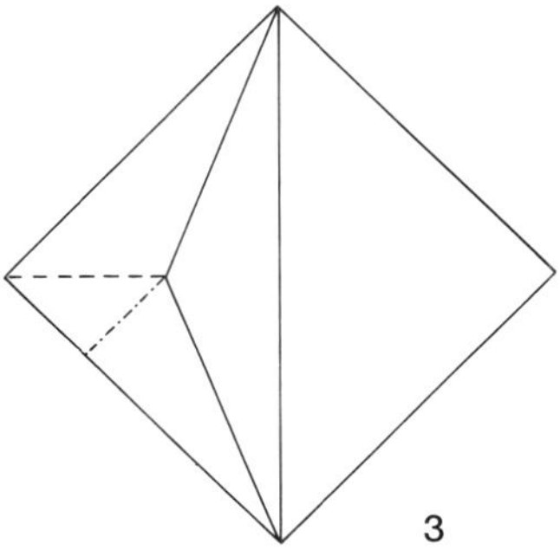

3

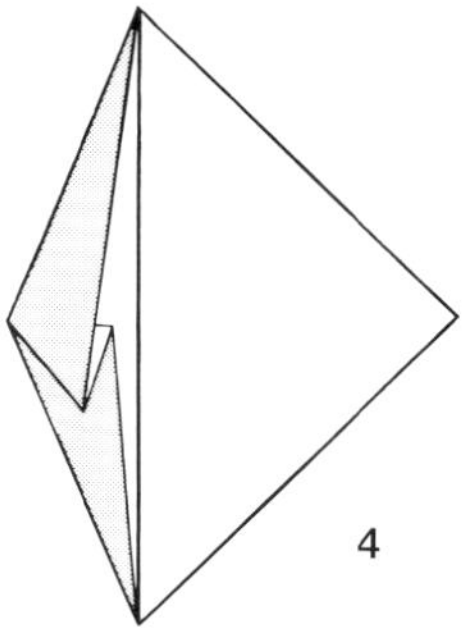

4

Abbildung 3 ▶
1. Variation des sechseckigen Tatos von S. 26
2. Variation des achteckigen Tatos von S. 37
3. Variation des achteckigen Tatos von 5. 37
4. Geschenkhülle Kranich von S. 40

Farbtafel 1 ▶ ▶
Geldbäumchen mit Schmetterlingen und Schleifen von S. 44 und 49
Karten mit Vogel von S. 46

Farbtafel 2 ▶ ▶ ▶
1. Quadratisches Tato 2 von S. 22
2. Sechseckiges Tato von S. 32
3. Variation des quadratischen Tatos 1 von S. 20
4. Noshi 2 von S. 30
5. Sechseckiges Tato von S. 32
6. Quadratisches Tato 1 von S. 20

Abbildung 4 ▶ ▶ ▶ ▶
1. Gutscheinhülle von S. 42
2. Variation des quadratischen Tatos 1 von S. 20
3. Variation des quadratischen Tatos 2 von S. 22
4. Variation des quadratischen Tatos 3 von S. 24

1
2
3
4

GULDEN

1
2
3
4
5
6

1
2
3
4

Tato 1, quadratisch

Dieses Tato besteht, wie überhaupt die meisten Tatos, aus mehreren Schichten von unterschiedlich großen Faltblättern, die zusammengeklebt wurden. Zum Beispiel können Sie ein Blatt Chiyogami (handgeschöpftes Papier) mit einer etwas größeren oder kleineren Folie füttern, dazwischen können Sie auch noch ein einfarbiges Blatt stecken, wiederum entweder größer oder kleiner. Experimentieren Sie einfach ein bißchen herum mit Farben, Größen und Papiersorten, es wird Ihnen Spaß machen, die verschiedensten Kombinationen auszuprobieren. Wußten Sie übrigens, daß ein bereits gefaltetes handgeschöpftes Blatt wieder wie neu wird, wenn Sie es bügeln? Faltblätter von 16 x 16 cm und ein etwas größeres und kleineres eignen sich gut für dieses Tato. Auf S. 18, 19 und 35 sind zwei Variationen abgebildet, die entstehen, indem man in der Endform entgegengesetzte Faltungen ausführt.

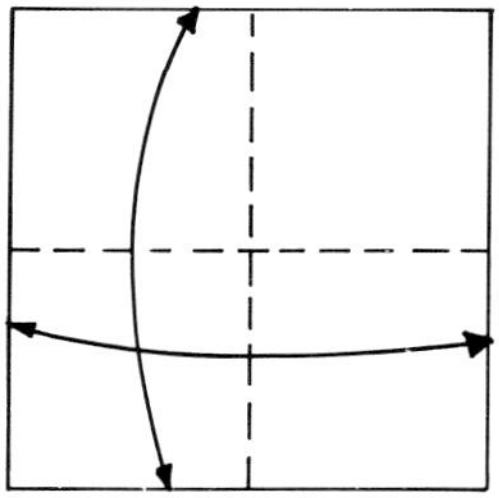

1

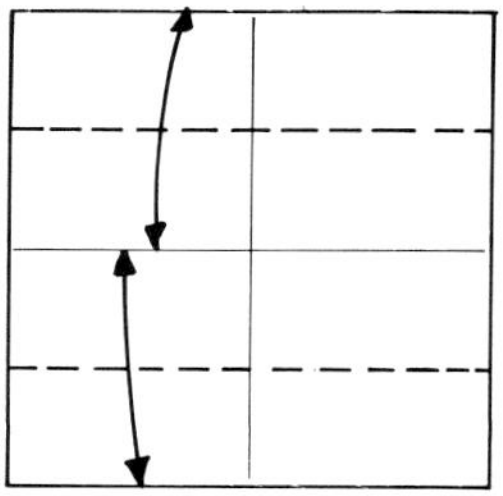

2

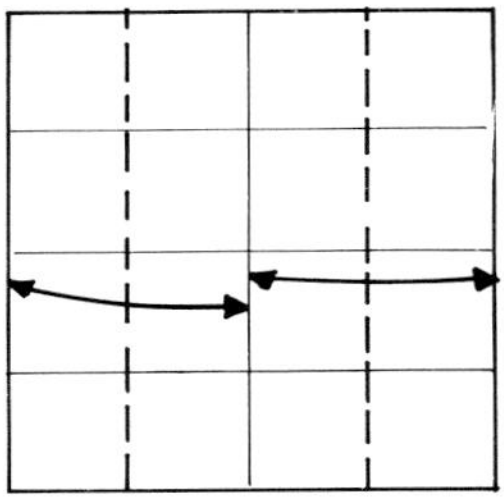

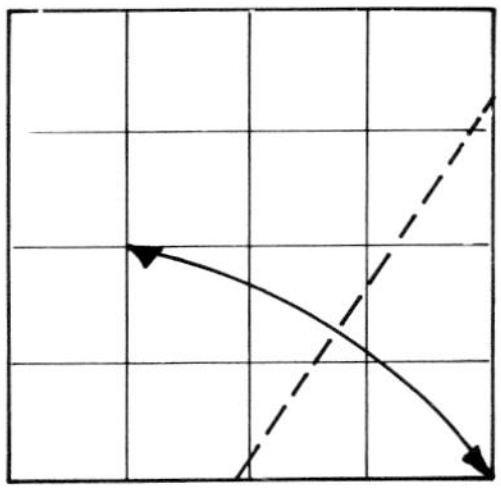

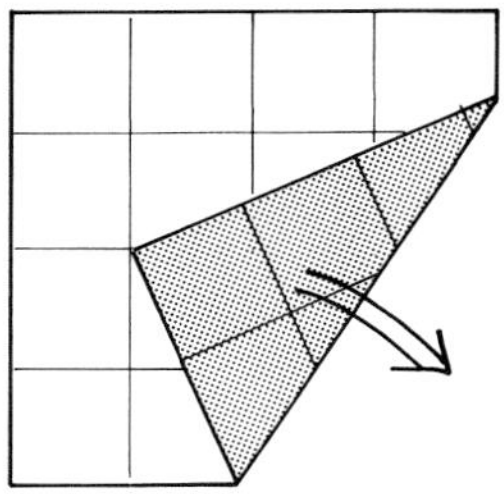

5 Beachten Sie, zu welchen Ecken der Schnittpunkte hingefaltet wird. Das gleiche gilt für die anderen Seiten.

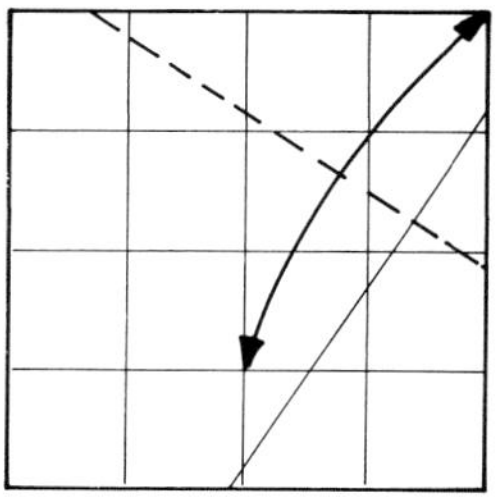

6

7

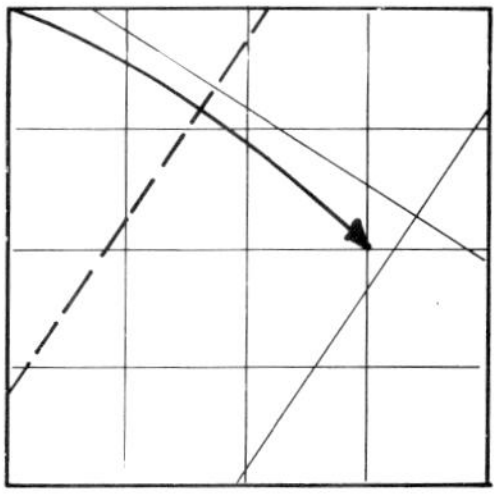

8

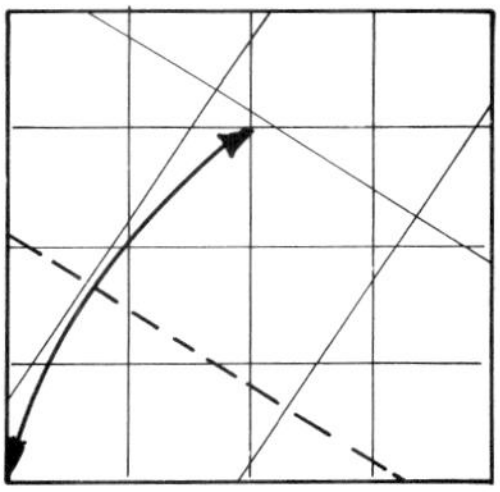

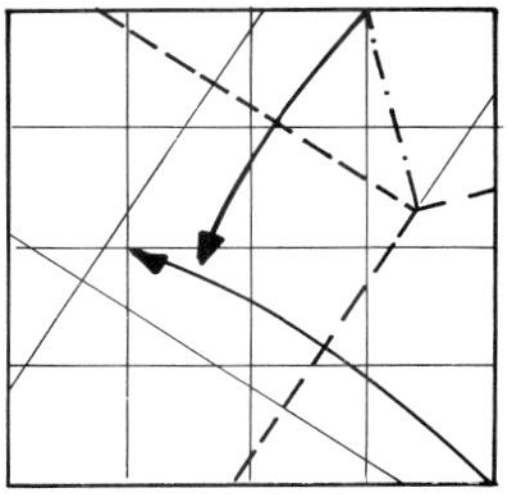

9 Nach den vorgegebenen Faltlinien die erste Ecke einschlagen …

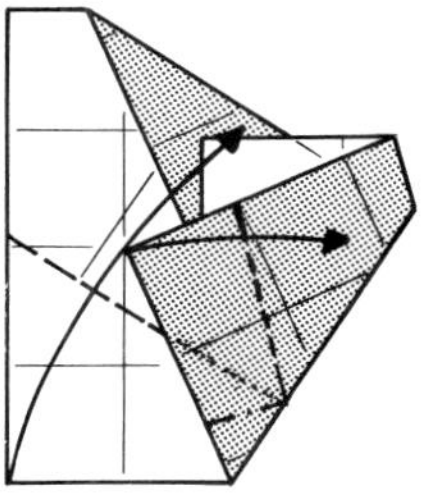

10 … und so mit allen Ecken verfahren.

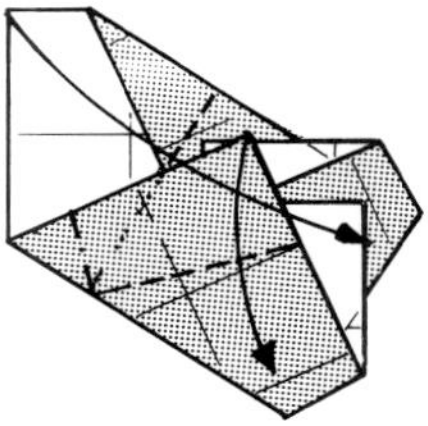

11

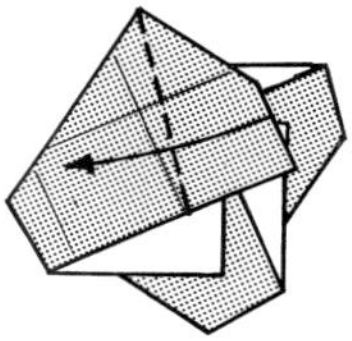

12

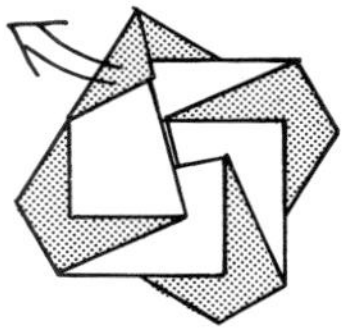

13

14 Das Tato ist jetzt im Prinzip fertig. Doch oft sieht es nach dem nächsten Schritt noch schöner aus.

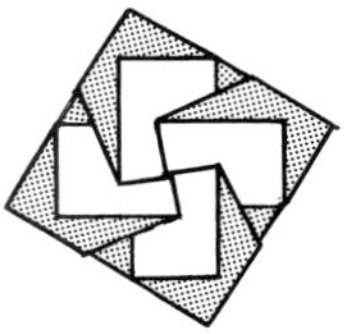

15 Die Endform.

Tato 2, quadratisch

Auch dieses Tato wirkt schöner, wenn wir mehrere Schichten Papier nehmen. Chiyogami und Folie passen sehr gut zusammen. Variationen der Endform sehen Sie auf S. 19 und S. 35. Diese Formen entstanden durch entgegengesetzte Faltungen in der Endform.

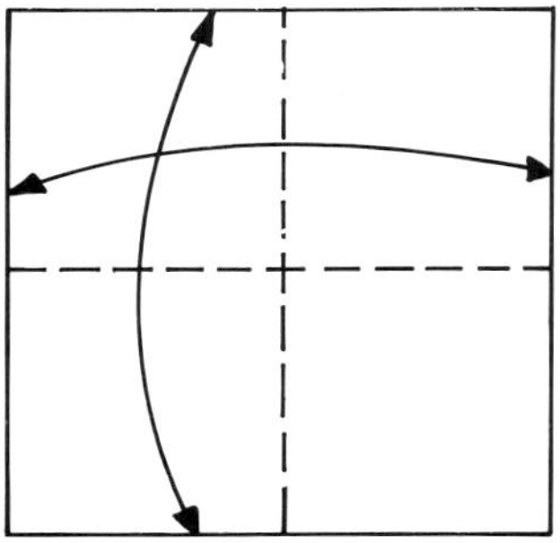

1

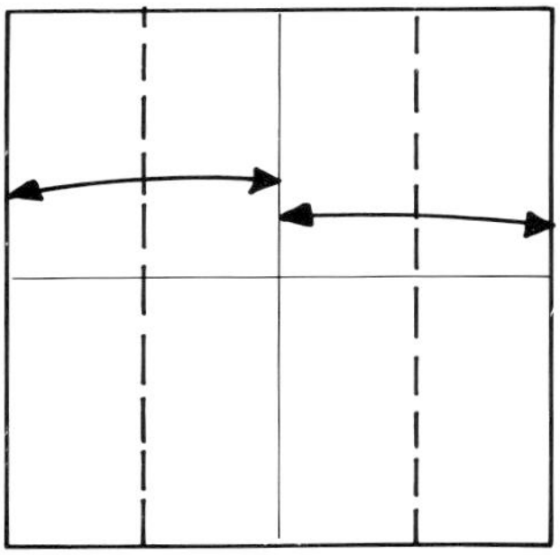

2

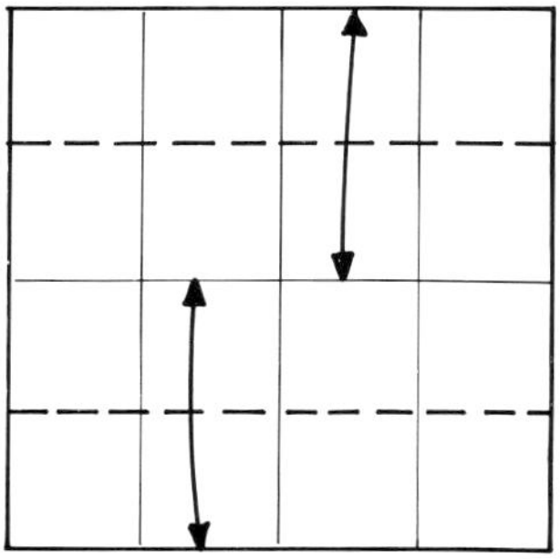

3

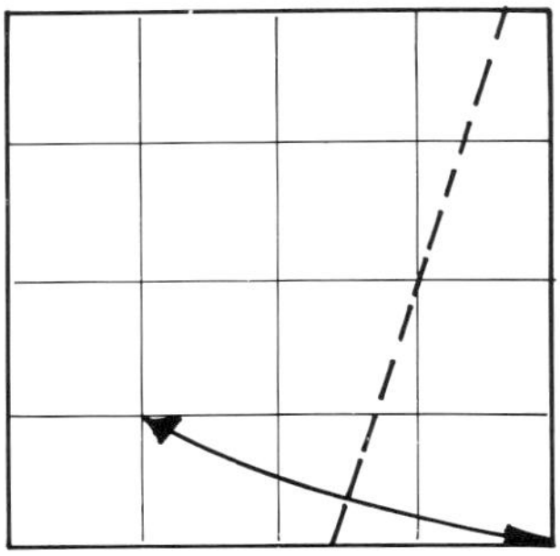

4 Bitte beachten Sie immer, zu welcher Ecke jeweils hingefaltet werden soll.

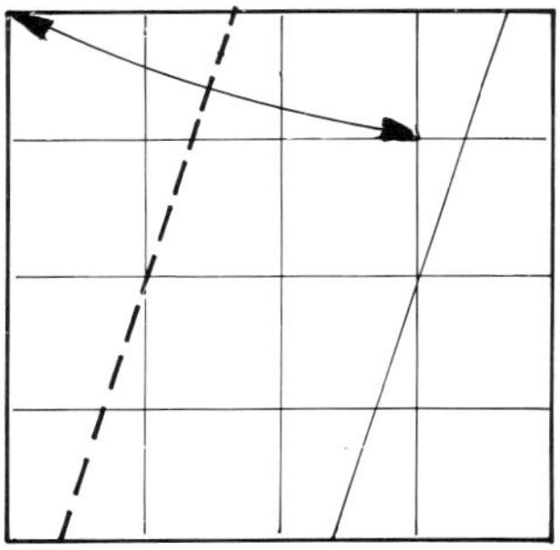

5

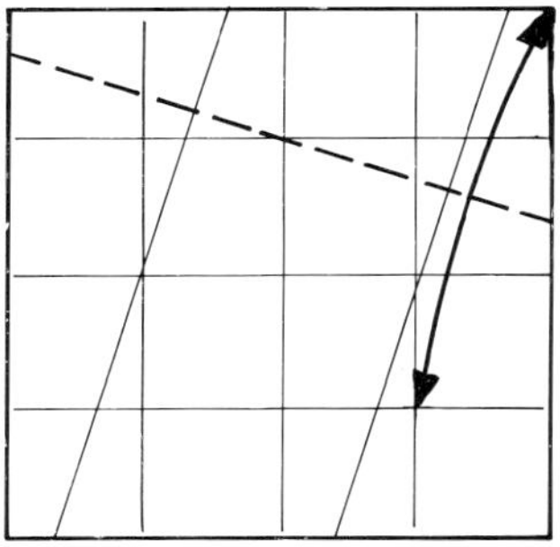

6

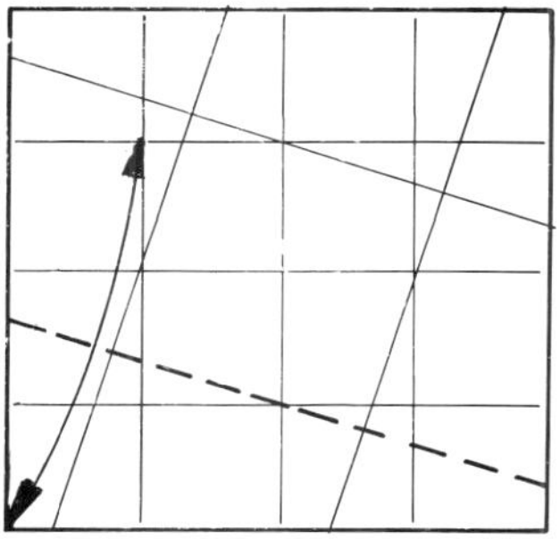

7

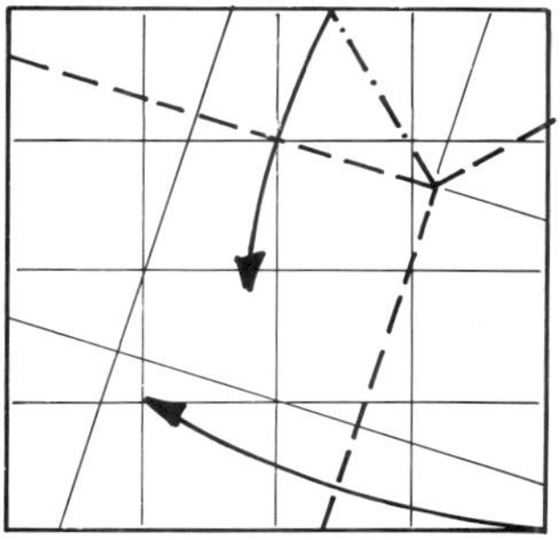

8 Nach den angegebenen Linien die erste Ecke zusammenfalten.

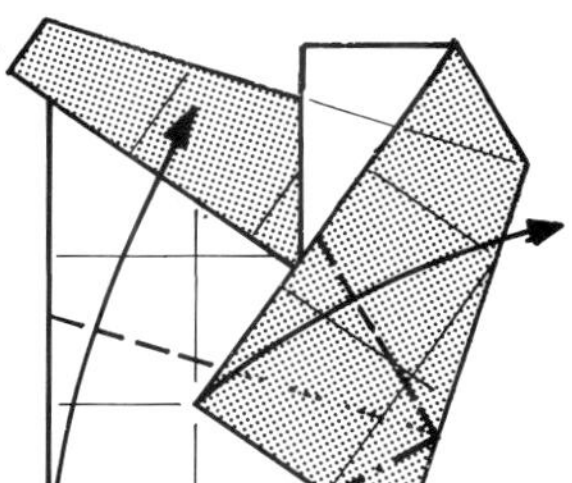

9–12 So weiter alle Ecken ineinanderfalten. Die letzte ist immer am schwierigsten, weil diese in die anderen hineinfallen muß.

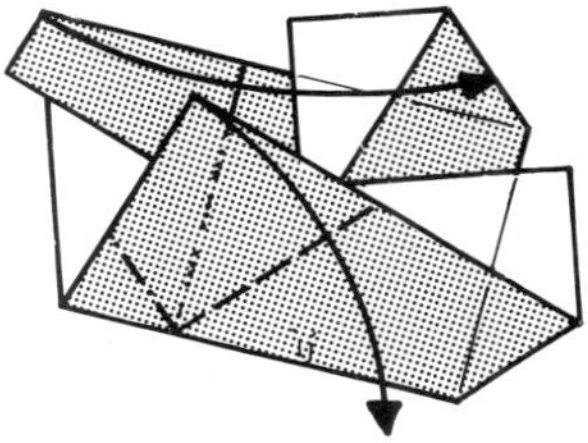

10

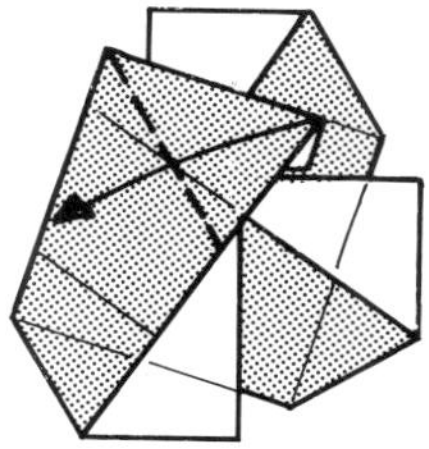

11

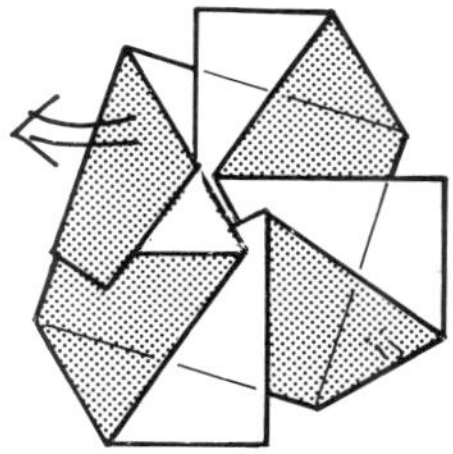

12

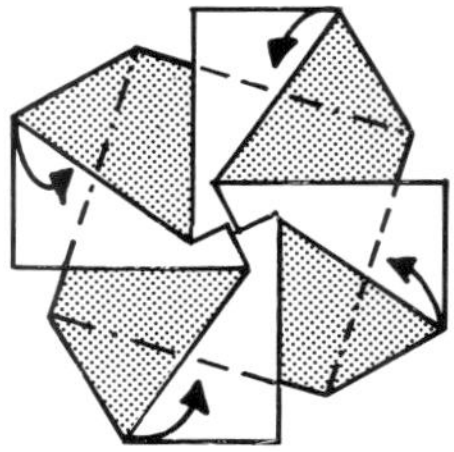

13 Damit könnte man aufhören – das Tato fällt dann etwas runder aus –, doch wenn wir weitermachen, wird …

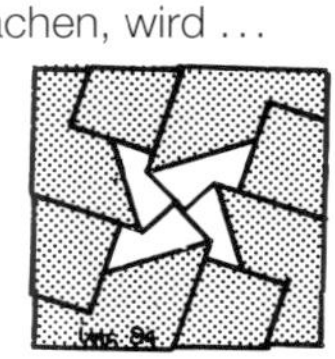

14 … dieses die Endform.

Tato 3, quadratisch

Auch bei diesem Tato empfehlen wir Ihnen wieder, mehrere Schichten Papier zu nehmen. Entweder kleben Sie nacheinander immer größere Blätter aufeinander (sehr wenig Kleber verwenden!), oder Sie kleben auf beide Seiten des Grundblattes andere schöne Blätter, die im Format abweichen. Ein Unterschied von einigen Millimetern kann schon sehr schöne Effekte erzielen.

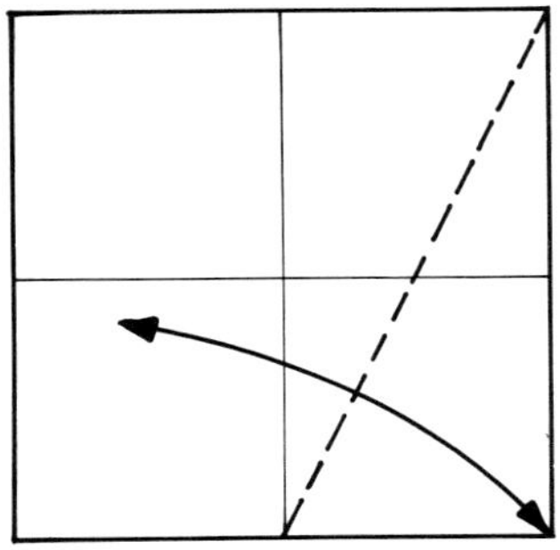

3 Hier wird nach der Talfaltelinie gefaltet, die von der rechten oberen Ecke zu dem Punkt verläuft, an dem die senkrechte Mittelfalte endet.

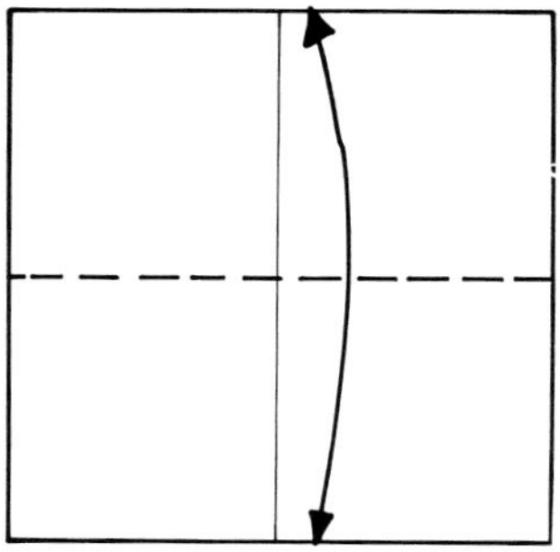

1

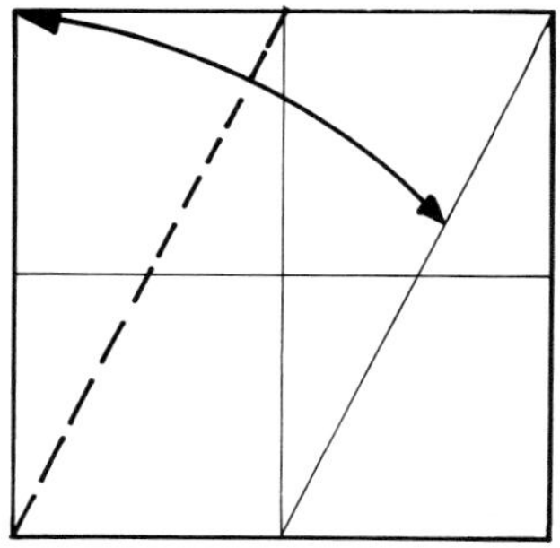

4

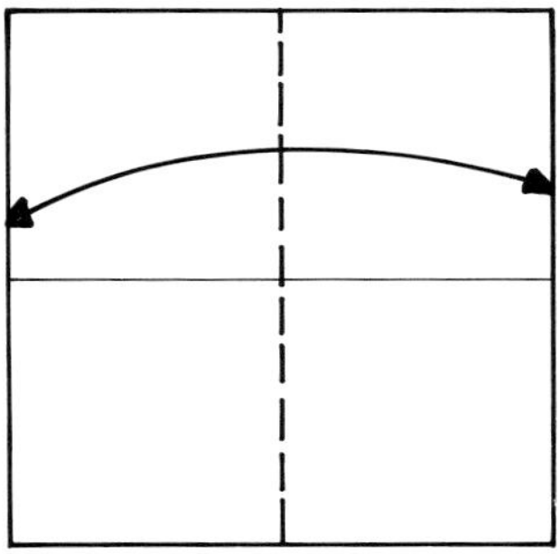

2

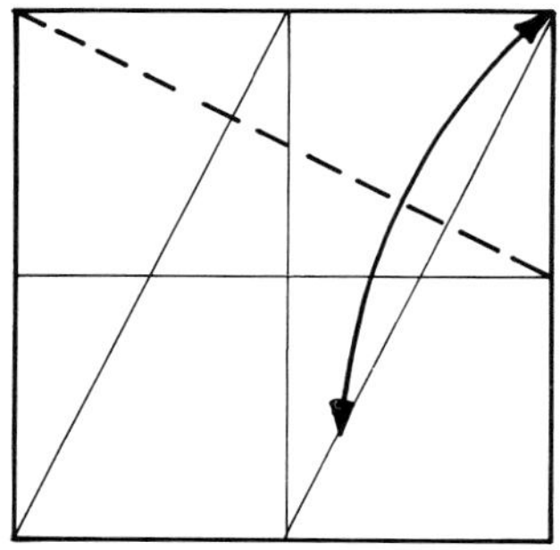

5

6
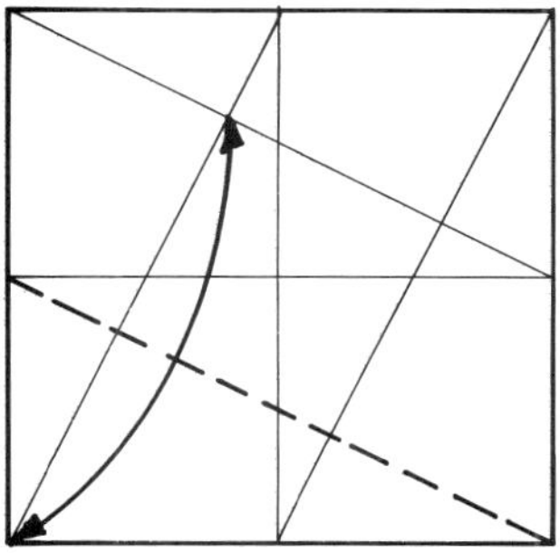

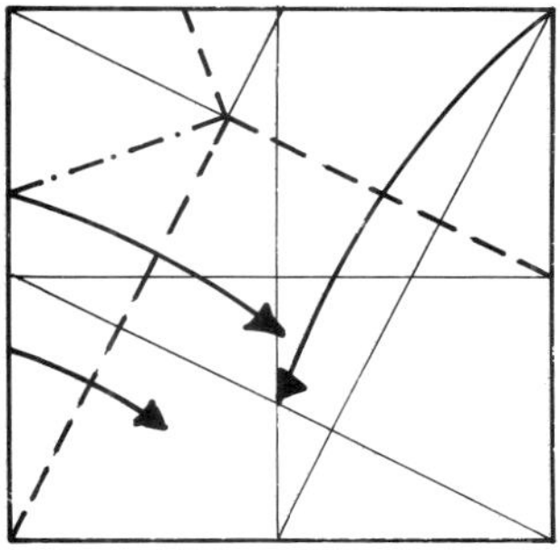

7 Bitte befolgen Sie die Faltanweisungen für das Zusammenfalten des Tatos genau.

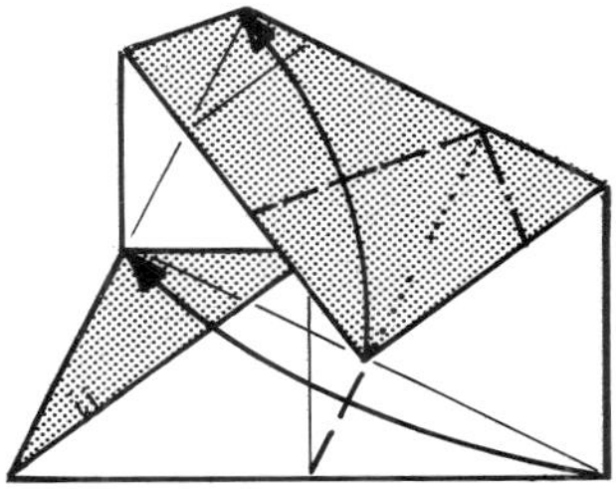
8

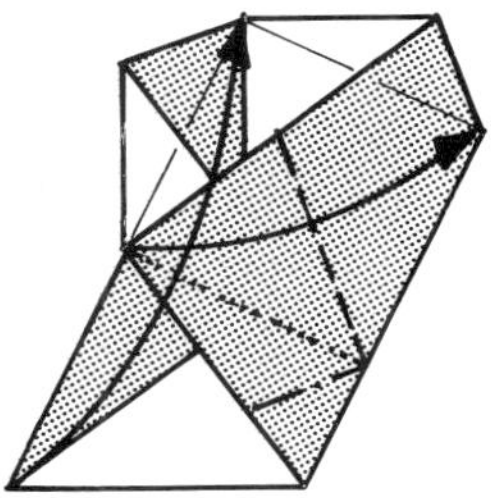
9

10
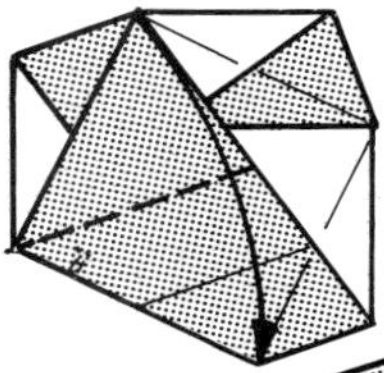

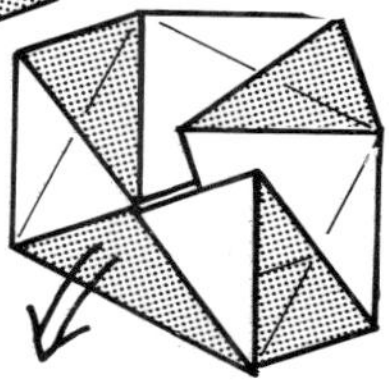

11 Bei den letzten Falten kurz die jeweils vorherige anheben, damit Sie herankommen.

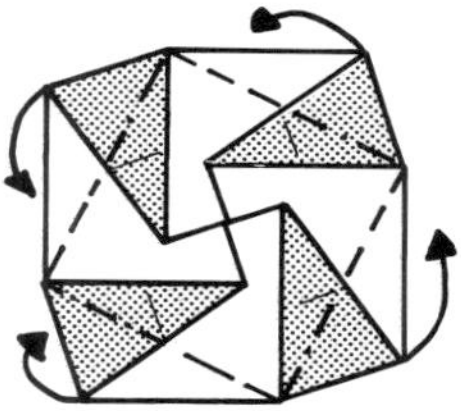
12

13 Endphase Nr. 1. Für eine Variation falten Sie weiter nach 14. Diese Form ist nicht abgebildet, denn sie wurde erst „entdeckt", als die Photos schon fertig waren. Sie können übrigens auch selber mit allen Tatos endlos weiterexperimentieren. Versuchen Sie doch mal, einige Falten nach innen zu machen, oder vielleicht ändern Sie sie etwas ab. Lassen Sie sich überraschen (siehe S. 19 und S. 36)!

Tato, sechseckig mit Spitzen

Sie benötigen ein Blatt von 18 x 18 cm oder 15 x 15 cm und eventuell einige bunte Blätter, die einige Millimeter größer oder kleiner sind. Für Päckchendekorationen eignen sich auch kleinere Formate sehr gut (S. 36). Eine Variation durch entgegengesetzte Faltungen sehen Sie auf Seite 16.

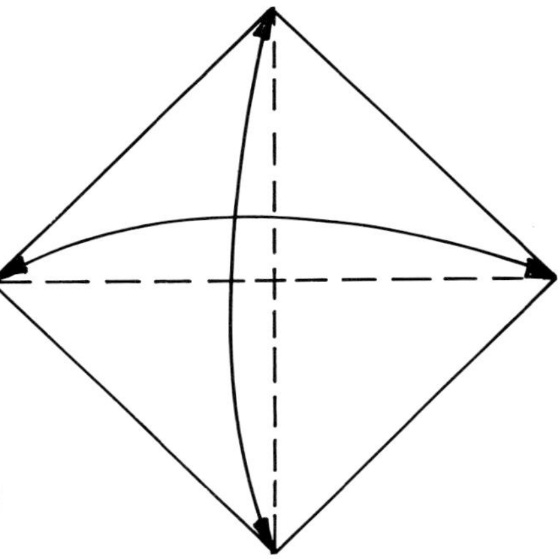

1

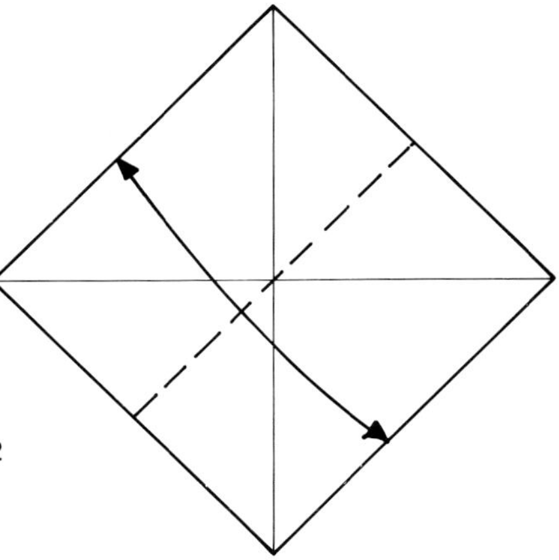

2

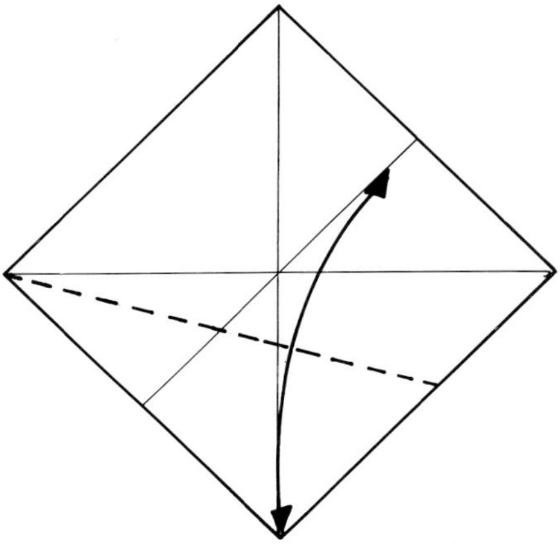

3 Von der linken Ecke bis zur Mittelfaltlinie falten. Sie können nur an einer bestimmten Stelle herauskommen. Machen Sie jetzt nur einen kleinen Knick auf dem Schnittpunkt der diagonalen und senkrechten Faltlinie.

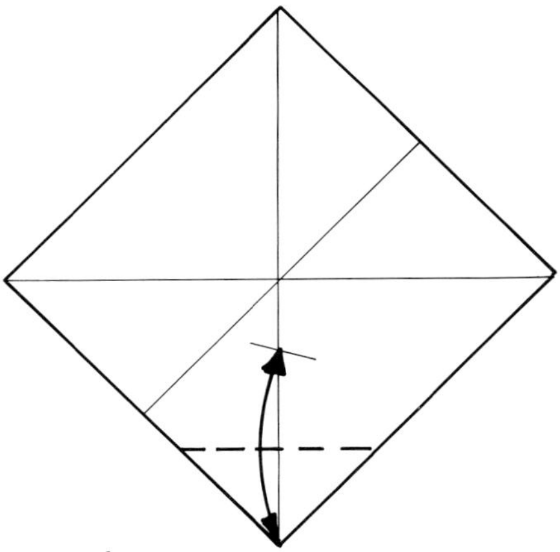

4 Bis zur kleinen Falte von Phase 3 und wieder zurück.

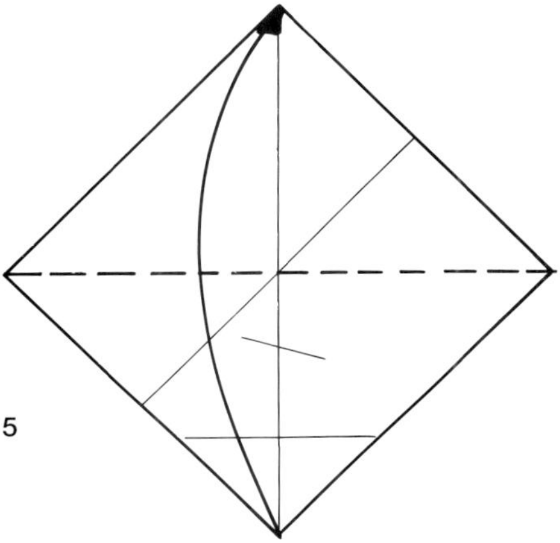

5

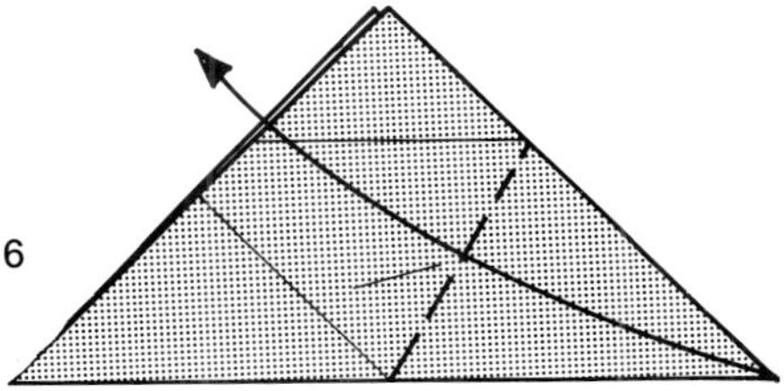

6

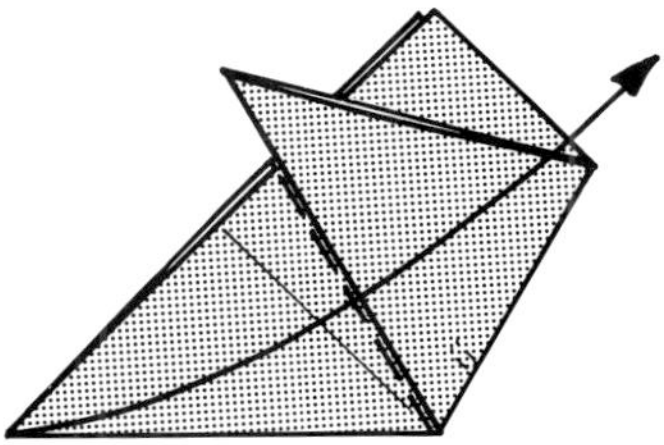

7

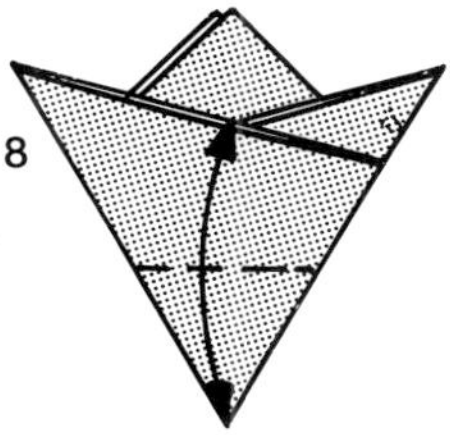

8

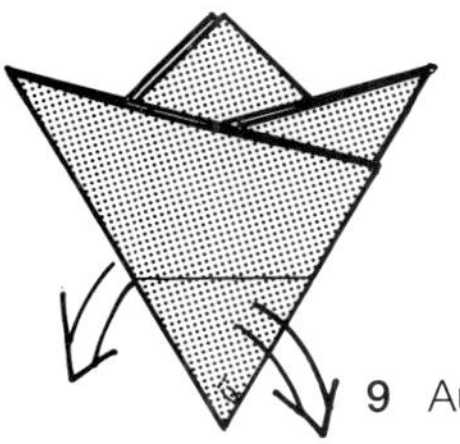

9 Auseinanderfalten.

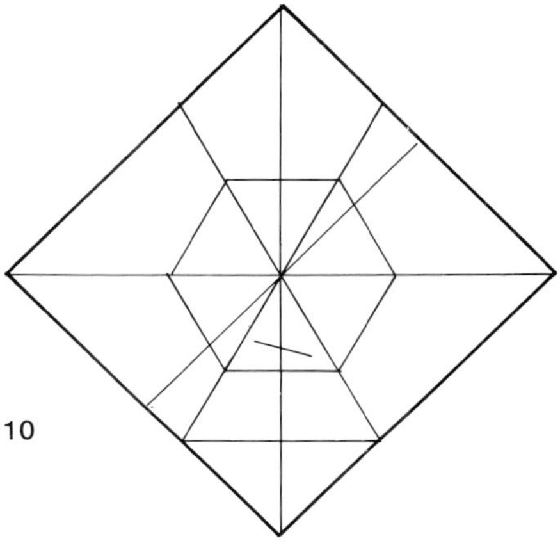

10

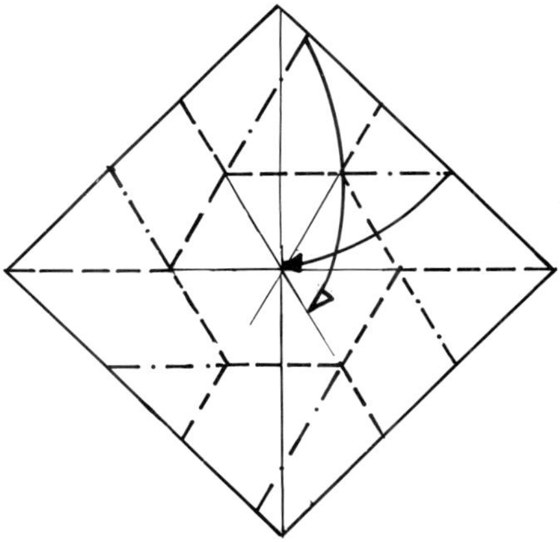

11 Nach den angegebenen Berg- und Talfalten falten.

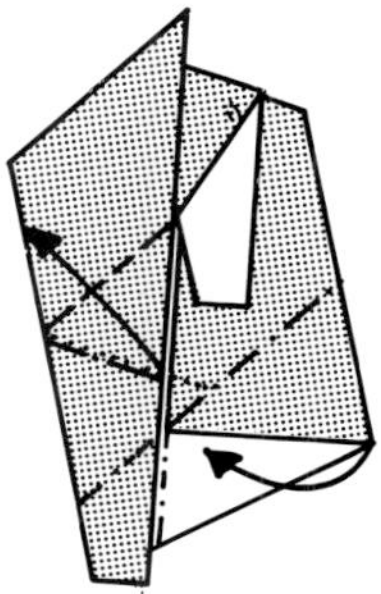

12

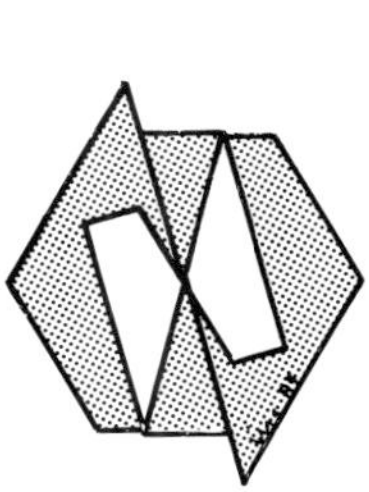

13

Noshi 1

Ein Fest-Noshi müßte eigentlich immer in den Farben Rot und Weiß gehalten werden. Rot – Freude – als Hauptfarbe für die Außenseite und Weiß – Reinheit – als Hauptfarbe für die Innenseite. Doch wir sind nicht in Japan und brauchen uns nicht so streng an diese Regeln zu halten. Wir benutzen einfach Blätter, die uns gut gefallen.
Ein großes Noshi kann aus Blättern von 18 x 18 cm oder 15 x 15 cm gemacht werden, ein kleines, als Päckchenbeigabe, aus 9 x 9 cm großem oder sogar noch kleinerem Papier.

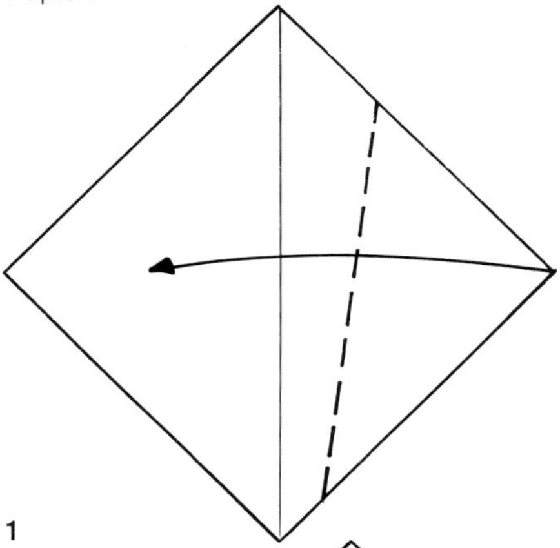

1

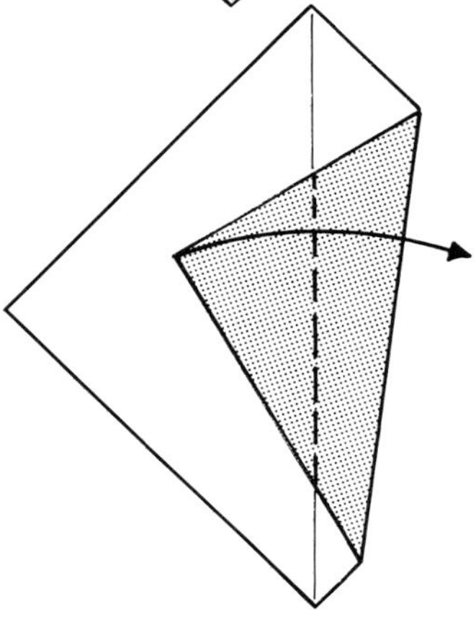

2

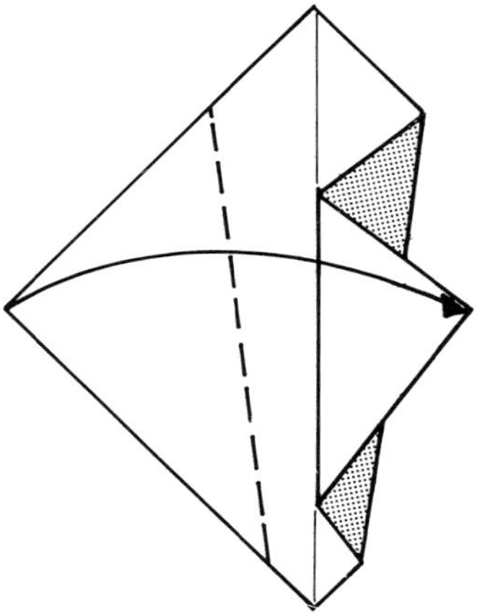

3

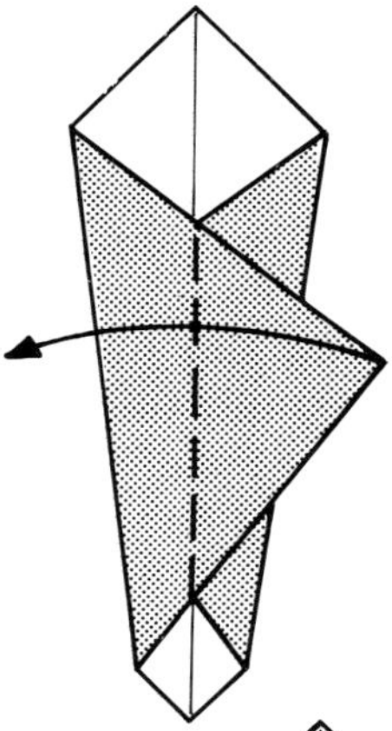

4

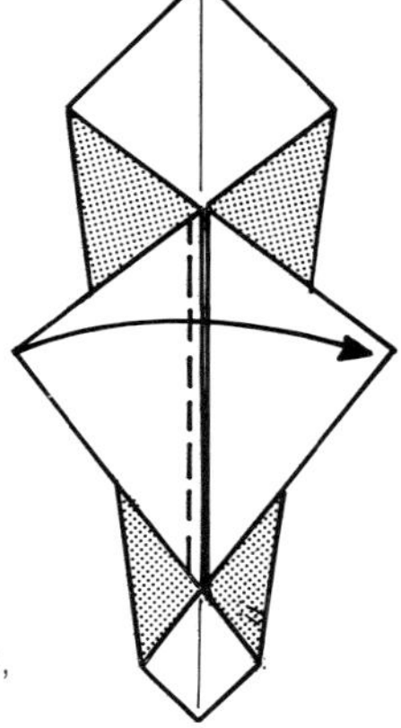

5 Die linke Ecke so zurückfalten, daß …

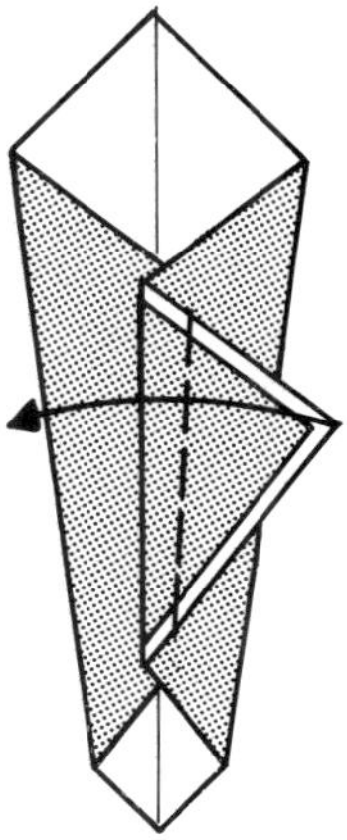

6 … ein kleiner Saumrand entsteht. Die beiden Blätter werden jetzt in Zickzackform zusammengefaltet.

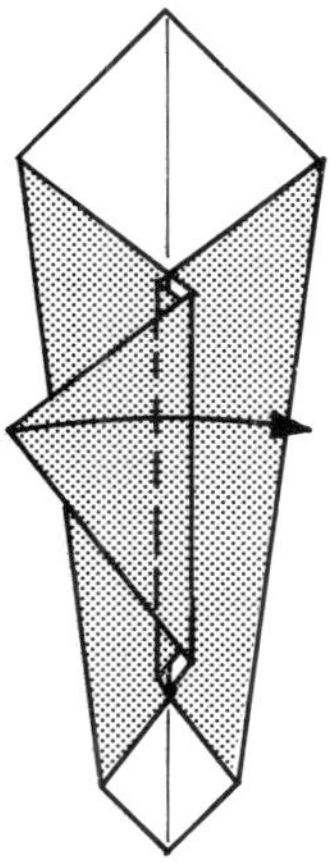

7

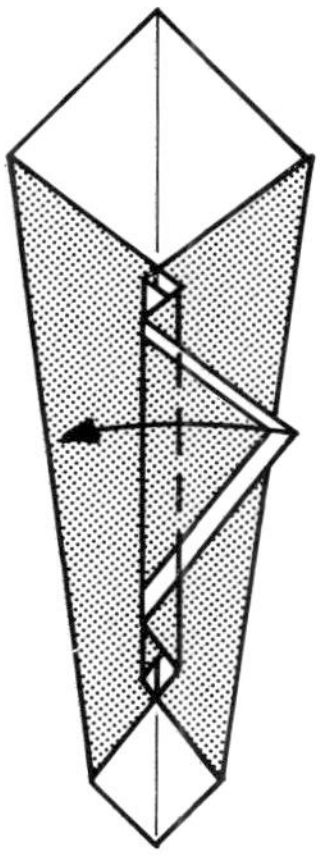

8

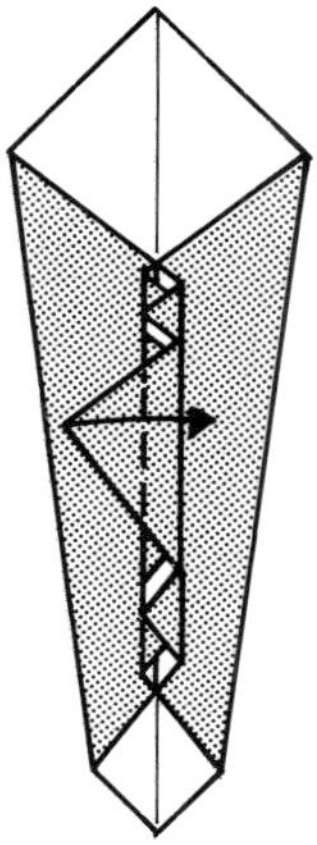

9 Noch ein schönes Bändchen mit einer Schleife drumherum – und fertig ist das Noshi (S. 2 und S. 35 und 36).

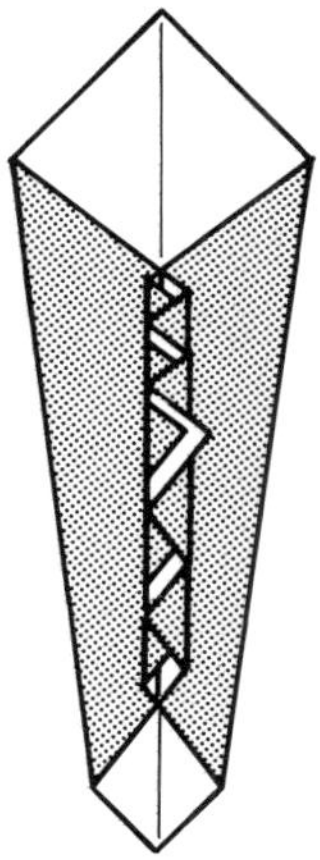

10

Noshi 2

Dieses Noshi wird an der Unterseite umgeschlagen und eignet sich deshalb besonders gut zum Verpacken von kleinen Geschenken, z. B. einem schönen Füller oder einer kleinen Blume in einer Plastikhülle. In Japan wurden früher spezielle Noshis für bestimmte Blumen verwendet, jede Blume hatte ihre eigene Noshi-Form.

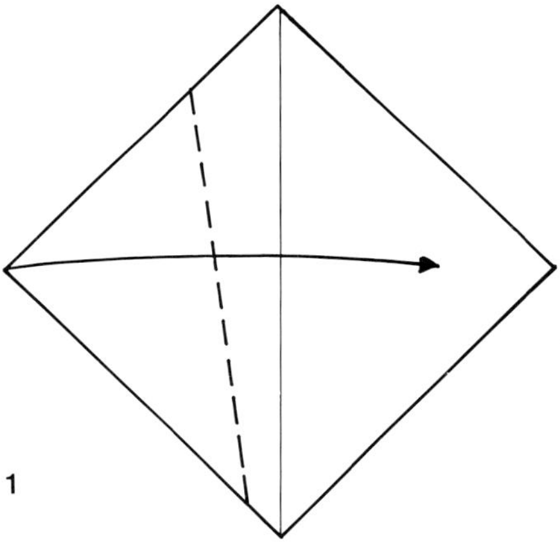

1

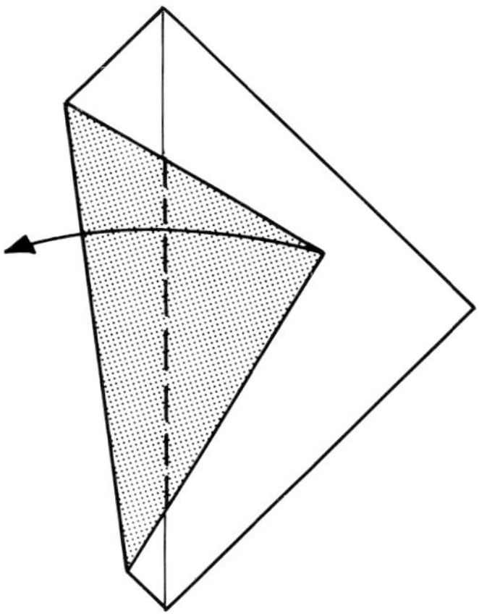

2

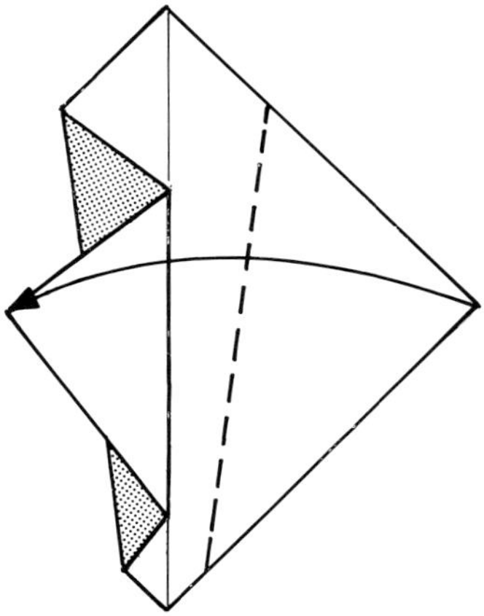

3

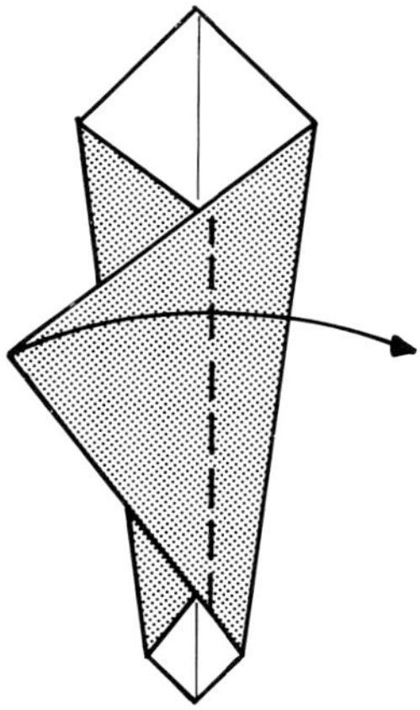

4

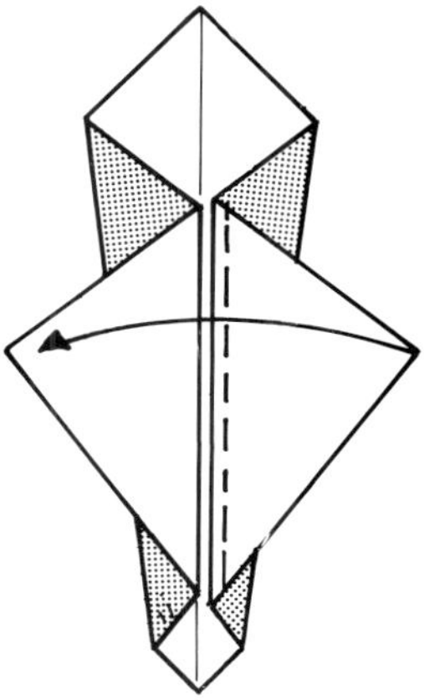

5 Die rechte Ecke wird so nach links gefaltet, daß ein kleiner Saumrand entsteht (siehe Phase 6).

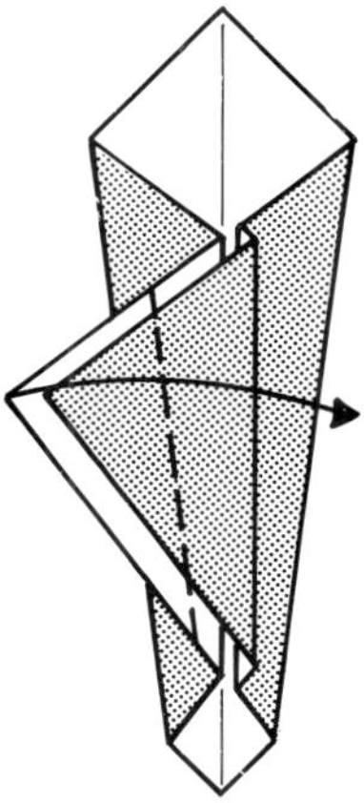

6

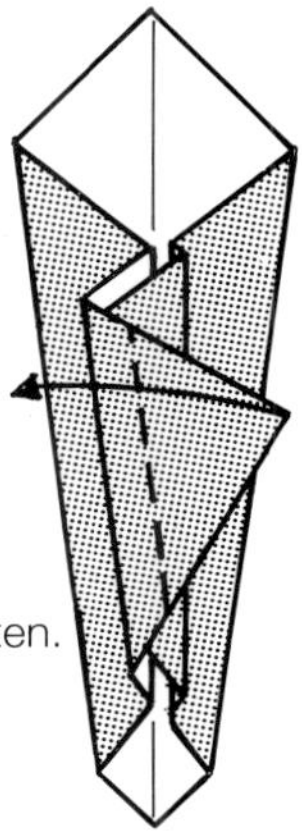

7 Zickzackartig weiterfalten.

8 Untere Spitze nach hinten hochklappen. Dann an der Unterseite eine goldfarbene oder eine andere passende Schleife drumherum binden.

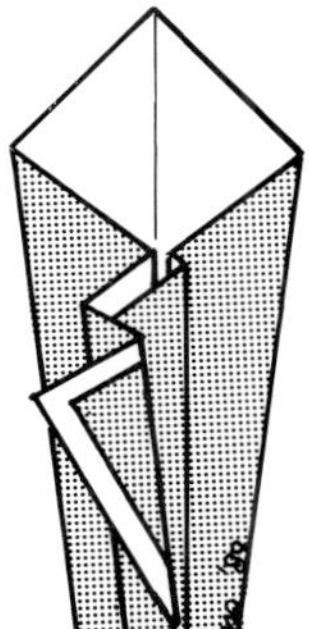

9 Die Endform (S. 6, 18 und 35).

Tato, sechseckig

Sie brauchen Faltblätter von 18 x 18, 15 x 15 oder für die kleineren Tatos 12 x 12 cm. Die Blätter, die Sie zum Füttern nehmen, sollten einige Millimeter kleiner oder größer sein.

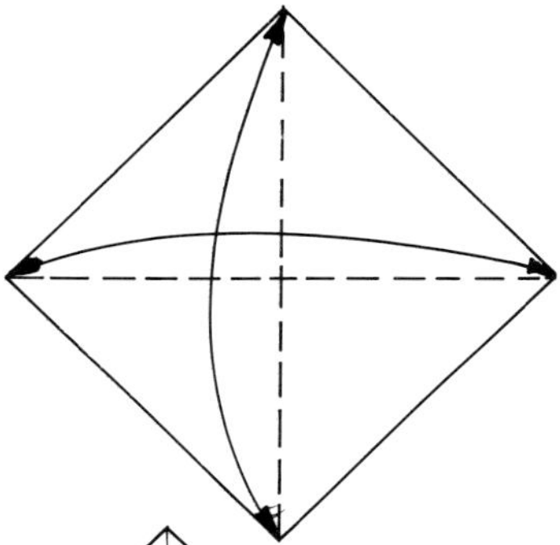
1

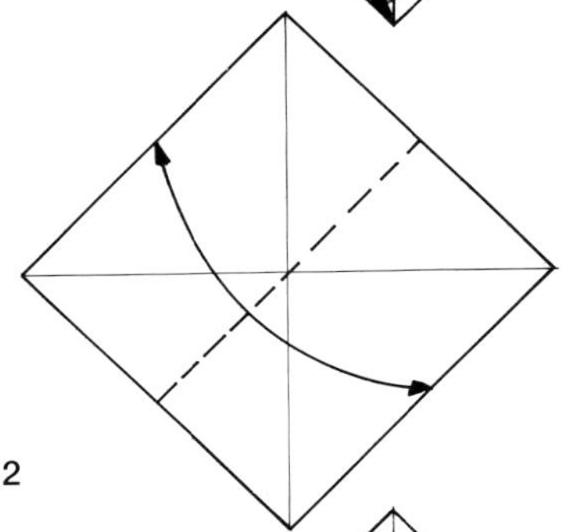
2

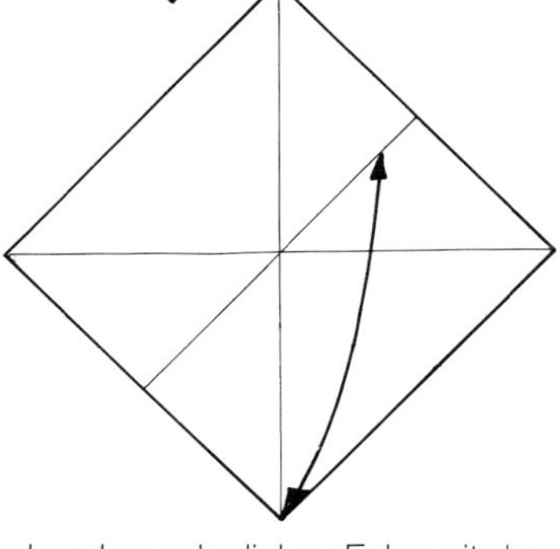

3 Ausgehend von der linken Ecke mit der unteren Ecke zur Mittelfaltlinie hinfalten und einen Knick ins Papier machen.

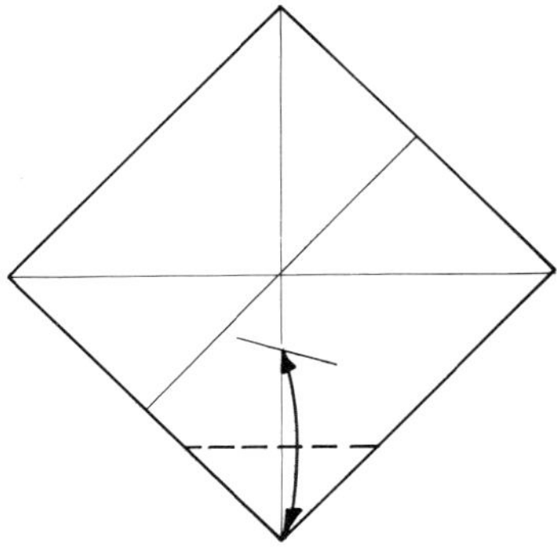
4

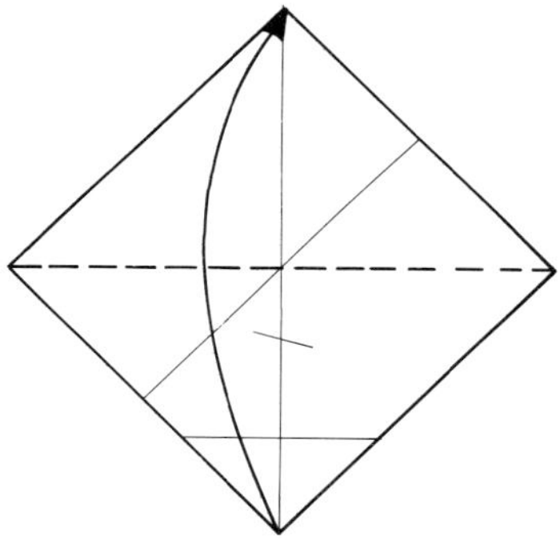
5

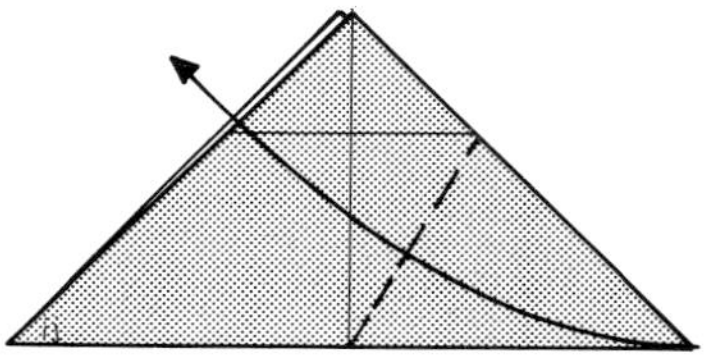
6

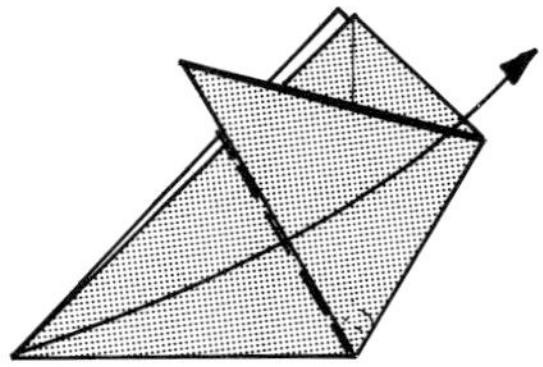
7

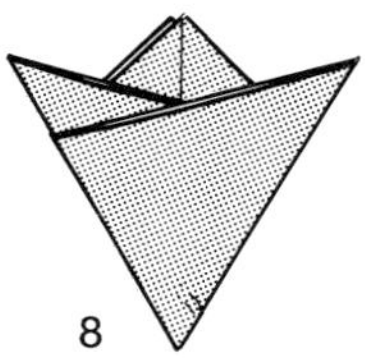
8

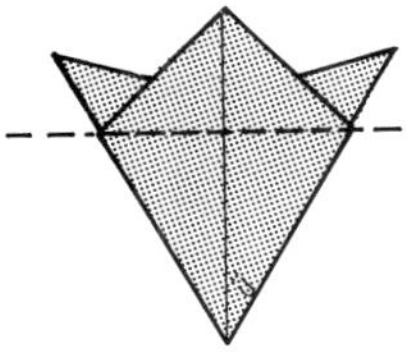

9

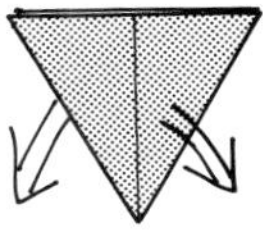

10 Auseinanderfalten.

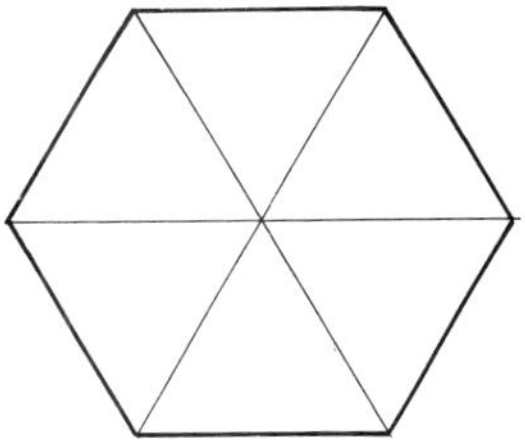

11

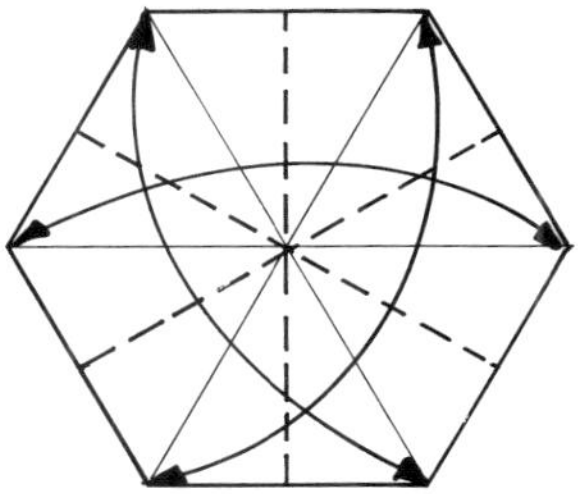

12

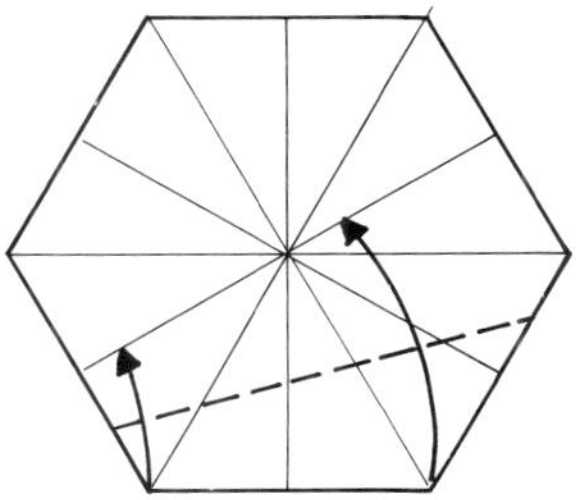

13 Die rechte Ecke der Unterseite wird zur ersten schrägen Linie oberhalb der waagerechten Falte gefaltet (s. Skizze 14, da sehen Sie deutlich, wie es gemeint ist).

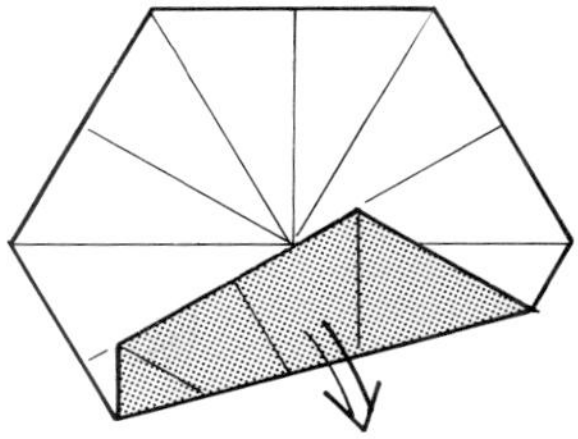

14 Wieder auseinanderfalten ...

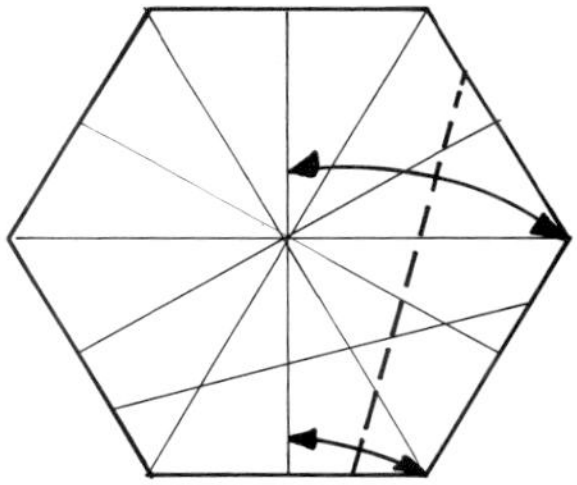

15

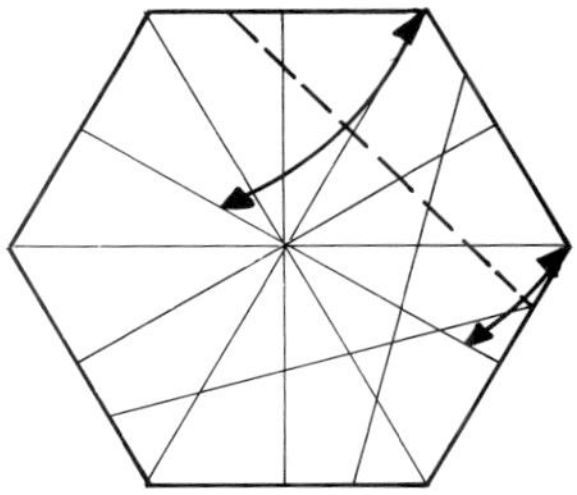

16

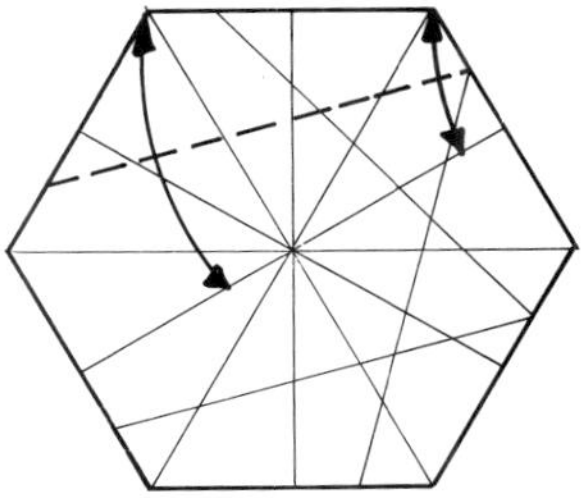

17

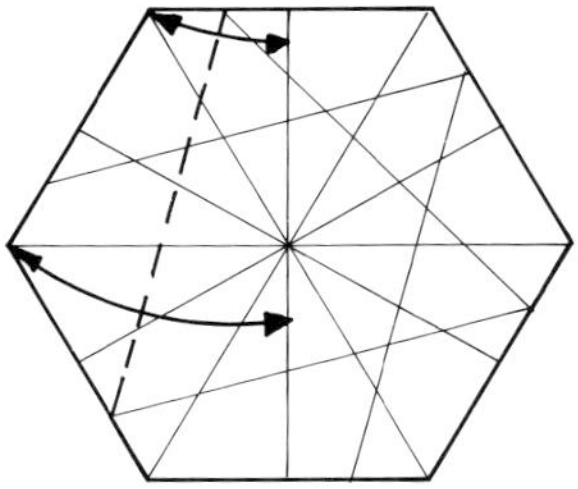

18

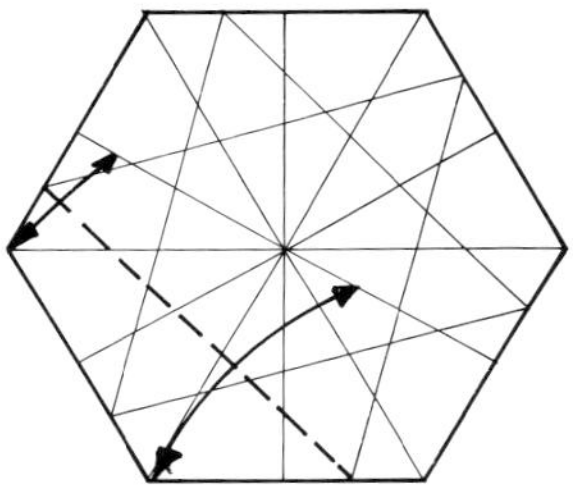

19

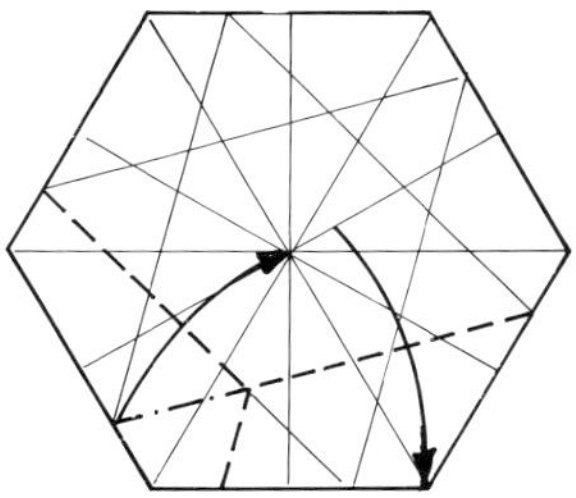

20 Nach den angegebenen Tal- und Bergfaltelinien falten. Wie schon öfter angedeutet, werden die Tatos um so schöner, je mehr miteinander harmonierende Blätter benutzt werden. Überlegen Sie vorher, von welchem Blatt Sie am meisten sehen möchten; dieses bleibt immer an der Außen- bzw. Unterseite. Die anderen Blätter können Sie entgegengesetzt aufkleben oder etwas größere herausragen lassen. Mit einem kleineren Blatt als Futter erreichen Sie auch sehr schöne Effekte. Experimentieren Sie! (S. 6, 18 und 36.)

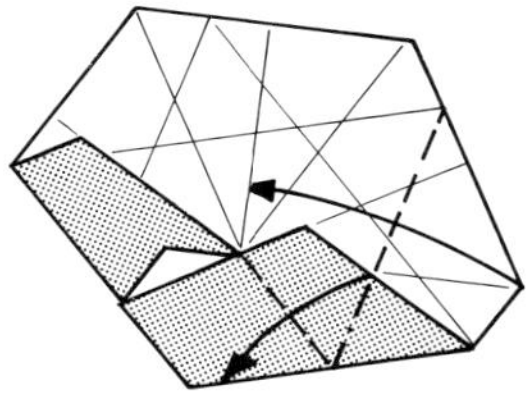

21

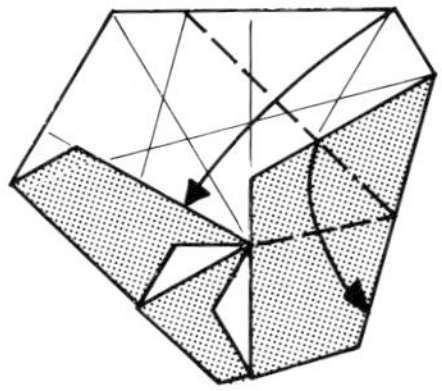

22 Und auf diese Weise alle Seiten falten.

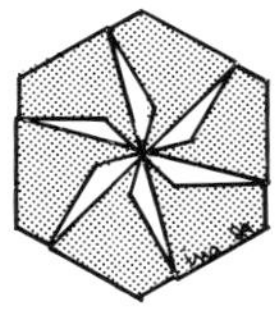

23

Farbtafel 3 ▶

1. *Noshi 1 von S. 28*
2. *Noshi 2 von S. 30*
3. *Noshi 1 von S. 28*
4. *Quadratisches Tato 2 von S. 22*
5. *Variation des quadratischen Tato 2 von S. 22*
6. *Quadratisches Tato 1 von S. 20*
7. *Sechseckiges Tato von S. 26*

1
2
3
4
5
6
7

1
2
3
4
5
6

Tato, achteckig

Sie nehmen ein Blatt von 18 x 18 cm oder 15 x 15 cm und dazu passende Blätter (für die Variationen), die einen halben Zentimeter kleiner oder größer sind (S. 36).

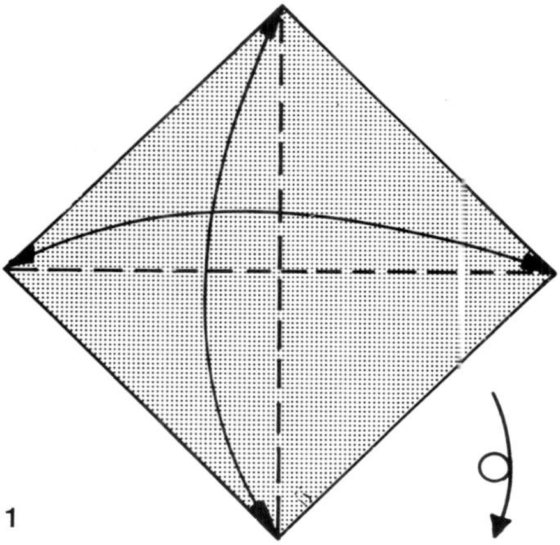

1

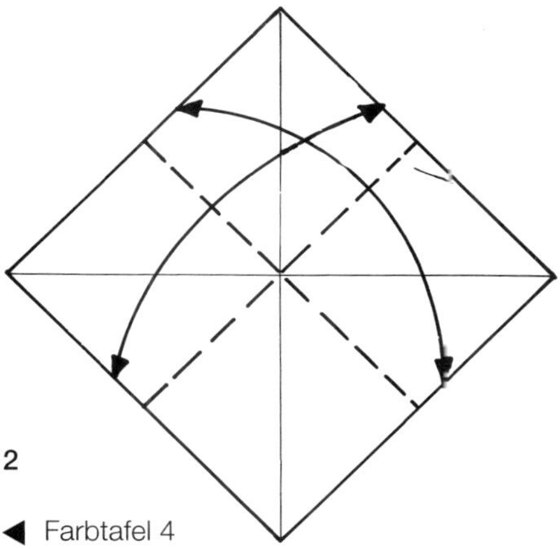

2

◀ Farbtafel 4

1. *Sechseckiges Tato von S. 26*
2. *Variation des quadratischen Tato 3 von S. 24*
3. *Noshi 1 von S. 28*
4. *Achteckiges Tato von S. 37*
5. *Sechseckiges Tato von S. 32*
6. *Variation des quadratischen Tato 3 von S. 24*

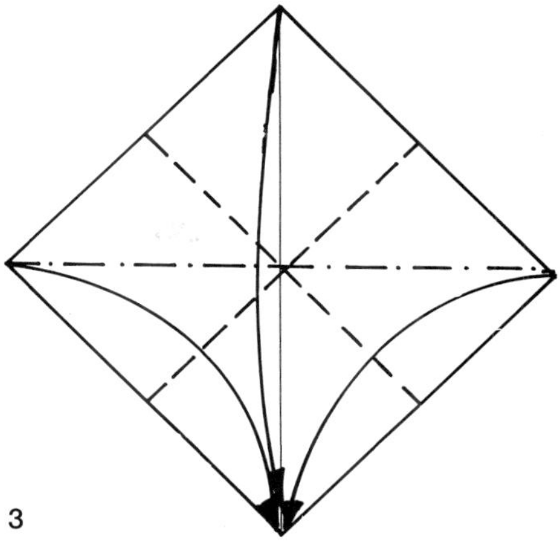

3

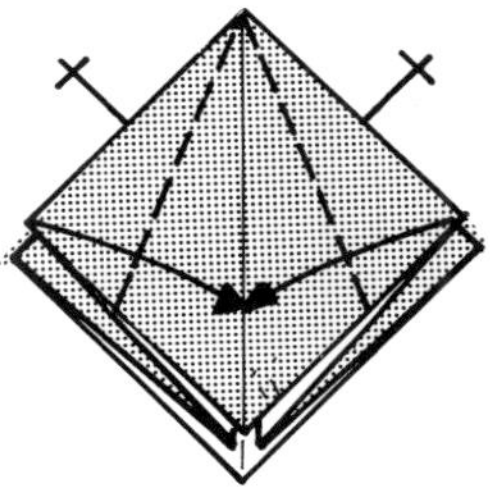

4

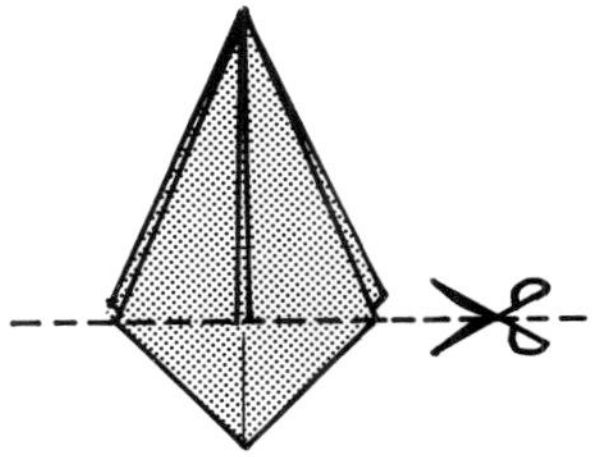

5

6

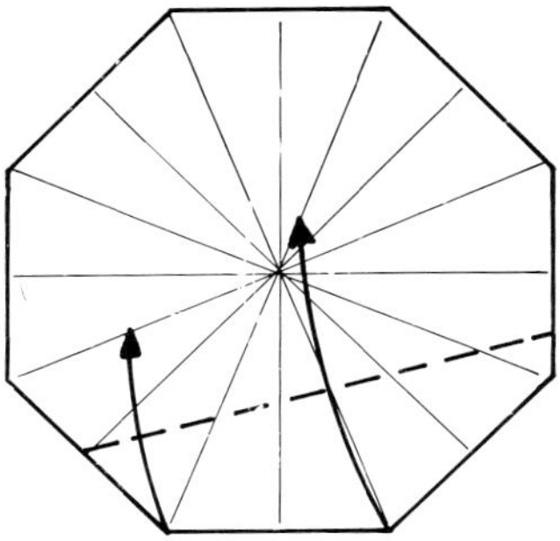

7 Die Faltlinien sind mal Tal-, mal Bergfaltelinien, doch das ist nicht weiter wichtig.

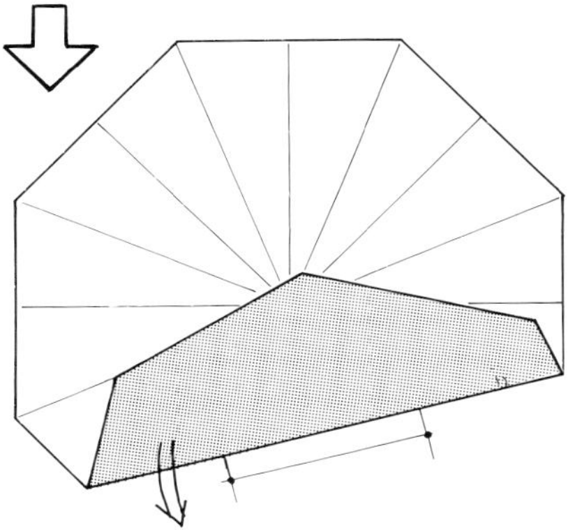

8 Immer zur vierten Faltlinie hinfalten, gerechnet von der waagerechten Faltlinie, die von Seite zu Seite verläuft, also nicht von den Ecken aus. Nur das mittlere Stück falten.

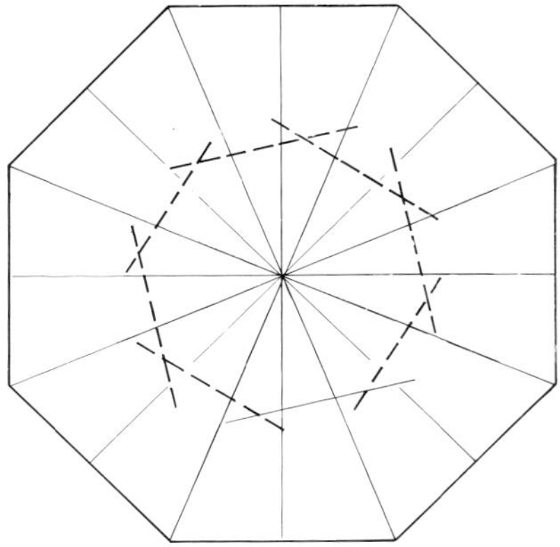

9 Auf diese Weise aus allen Ecken des Achtecks heraus immer die gleichen Faltungen ausführen. Dadurch entsteht innerhalb des Achtecks ein neues Achteck, das unregelmäßig verläuft und dessen Mittelpunkt sich nicht mehr genau in der Mitte befindet. Doch das läßt sich ändern ...

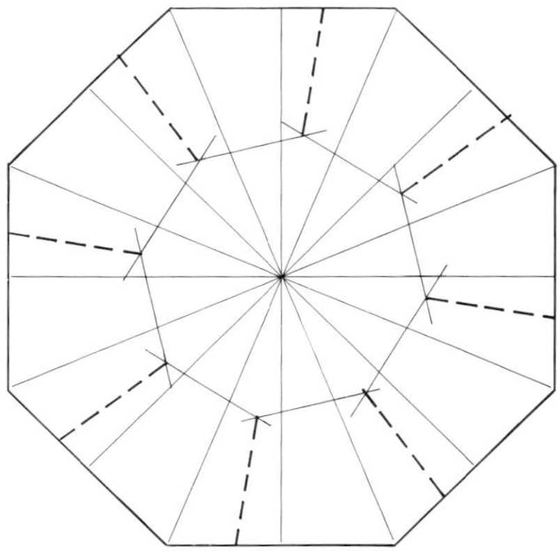

10 ... Aus den Schnittpunkten heraus, die wir gerade gemacht haben, falten wir nun die Talfalten, die wir nachher für das Tato brauchen.
Benutzen Sie immer zwei einander gegenüberliegende Schnittpunkte als Anhaltspunkte und falten Sie das Blatt vorsichtig einmal über den Mittelpunkt zusammen. Falten Sie nur vom Schnittpunkt nach außen hin die Talfalte deutlich und scharf.

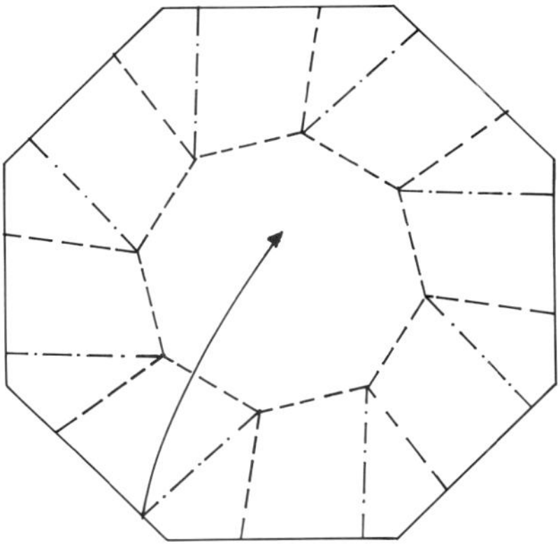

11 Hier haben wir zur Verdeutlichung alle anderen Faltlinien weggelassen. Für das Tato werden nur diese Faltlinien gebraucht. Wenn Sie handgeschöpftes Papier benutzen, werden Sie von den anderen Faltlinien nichts mehr sehen, doch auch bei anderem Papier werden die überflüssigen Faltlinien kaum noch auffallen. Nach dem Pfeil jetzt das Tato falten; die Talfaltelinie geht fast von selbst mit. Sehen Sie auf Skizze 12, wie es genau geht.

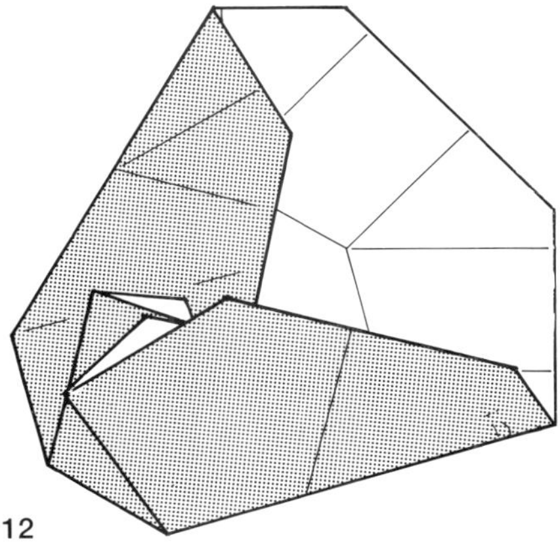

12

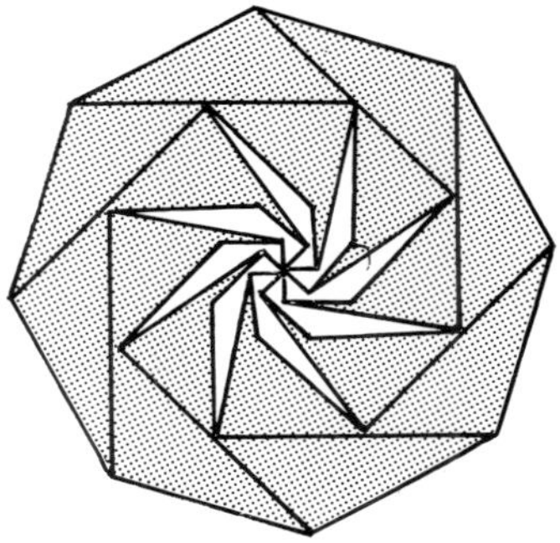

13 Dies ist das erste Ergebnis. Wenn Sie weitergehen möchten …

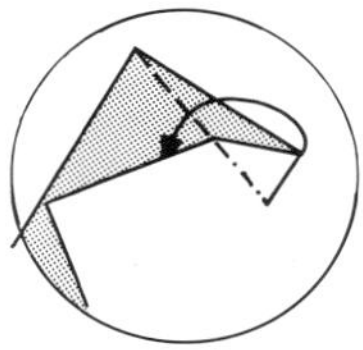

13a … falten Sie dann nach dieser Skizze.

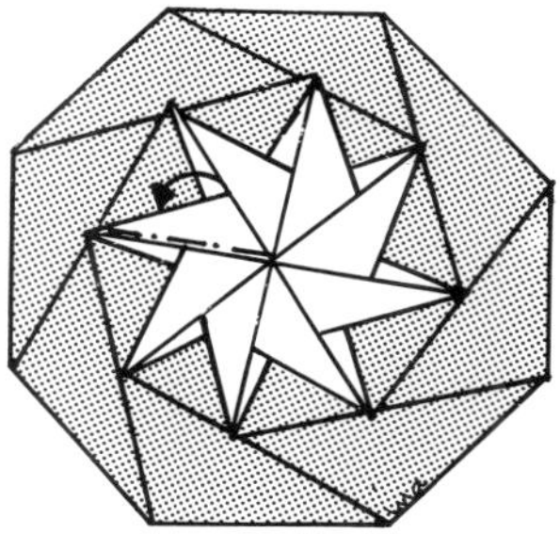

14 Die erste Variation (S. 16). Aber es gibt noch mehr Möglichkeiten.

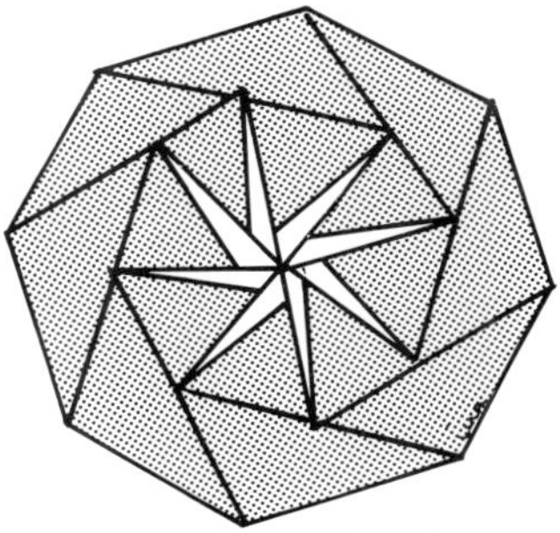

15 Noch eine Variation (S. 16).

Kranichhülle

Für diese Geschenkhülle eignet sich ein Blatt von 16 x 16 cm sehr gut. Festes Papier ist empfehlenswert: Carbo, Mingei, Metasilk oder Chiyogami zum Beispiel (S. 2 und 16).

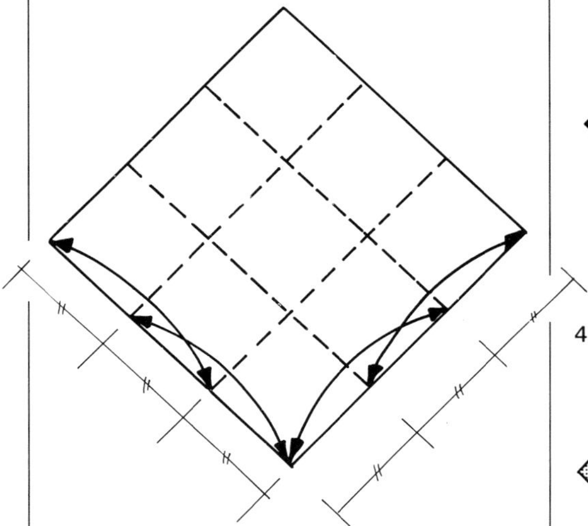

1 Das Blatt zuerst in drei Teile falten.

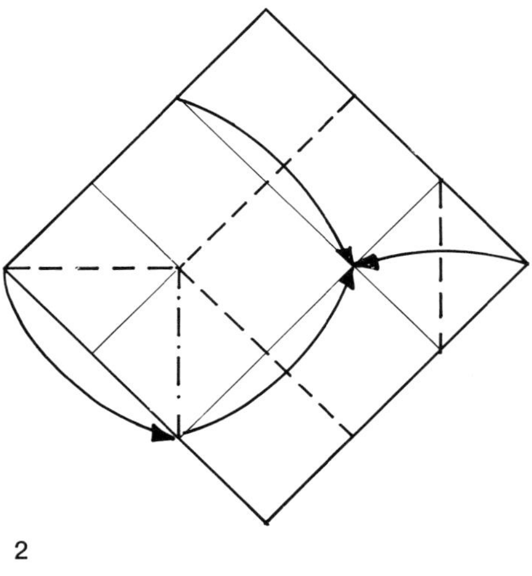

2

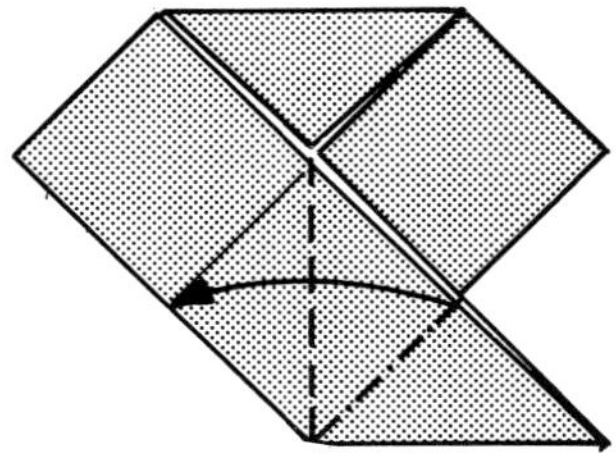

3

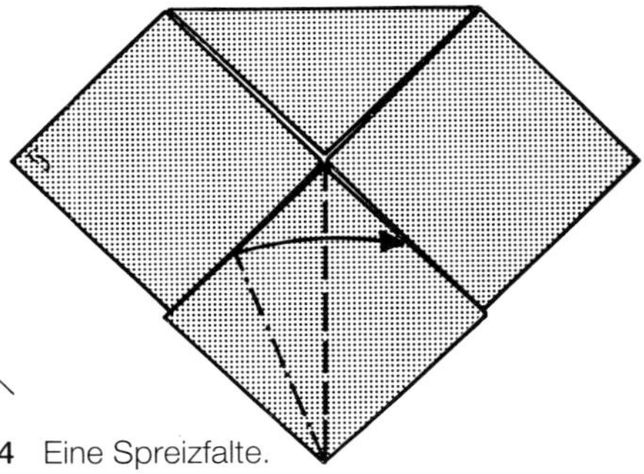

4 Eine Spreizfalte.

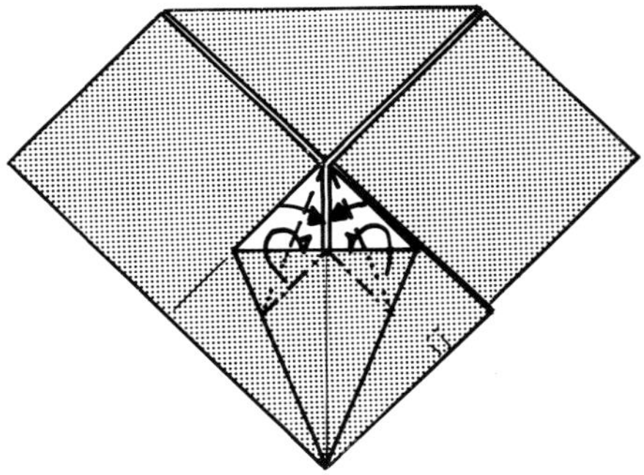

5 Die Klappen links und rechts vom unteren Quadrat zur Mitte hinfalten, und zugleich in der Mitte die Spitze machen.

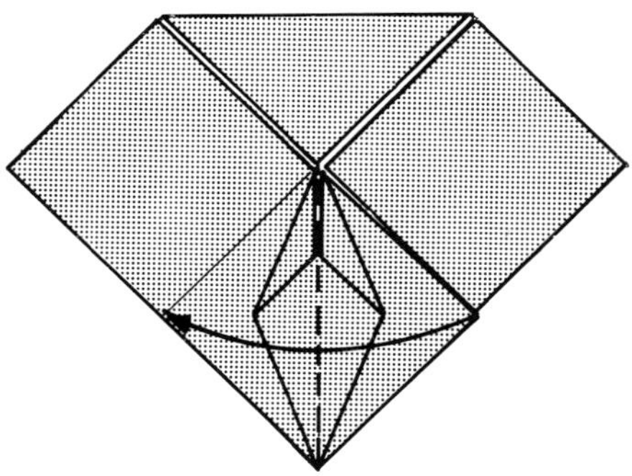

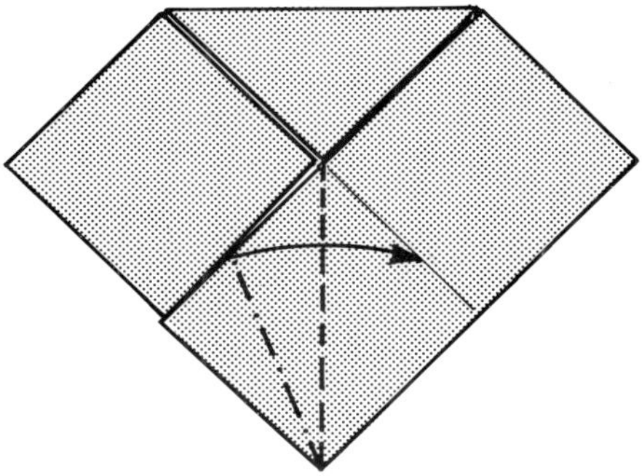

7–9 Hierbei die Faltungen von Phase 4 und 5 wiederholen.

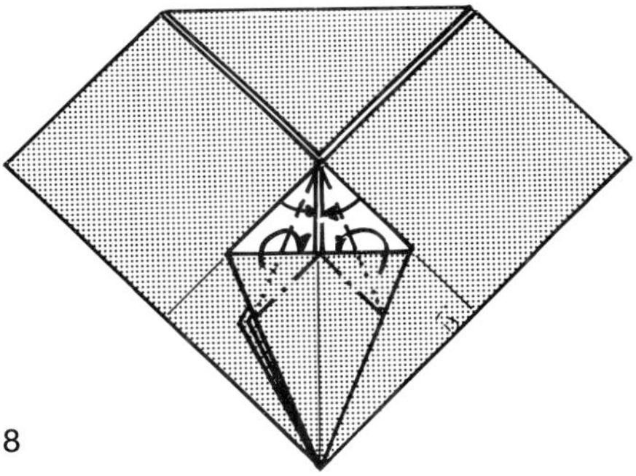

8

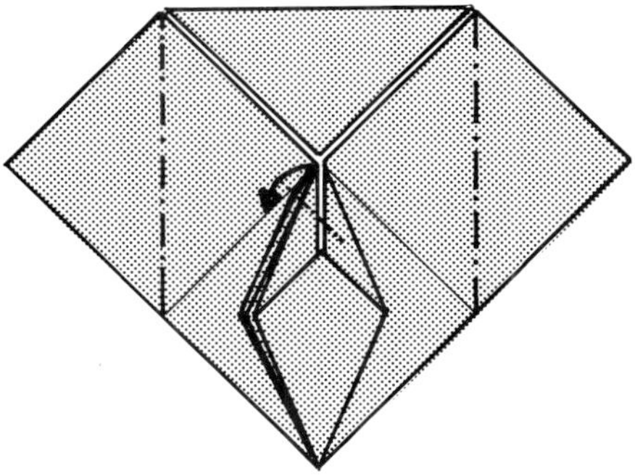

9 Beachten Sie die linke Spitze der Mittelfigur. Dies wird der Kopf des Kranichs.

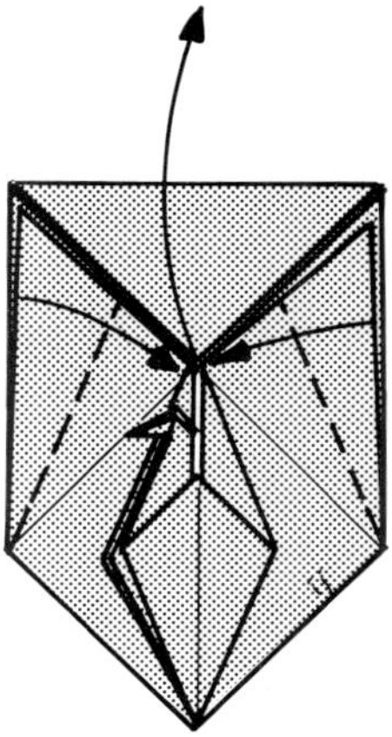

10

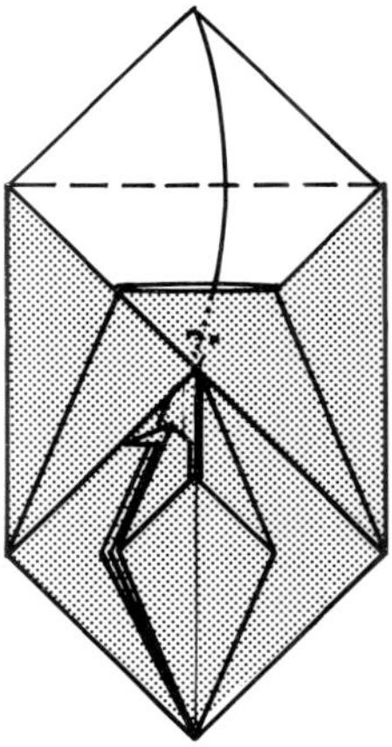

11 Die obere Klappe wird in die vordere Öffnung der umgeschlagenen Klappen von 10 geschoben.

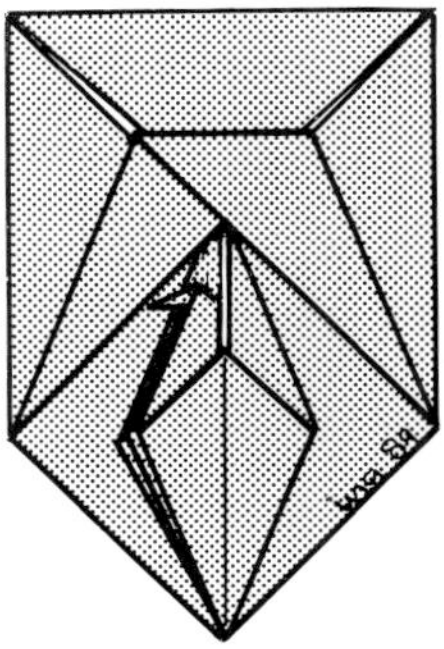

12

Gutscheinhülle

Diese Hülle wird aus einem Blatt von 30 x 30 cm oder etwas mehr gemacht. Darin hat auch ein größerer Gutschein Platz. Hier ist ebenfalls festes Papier erwünscht, also Carbo, Metasilk oder Chiyogami.

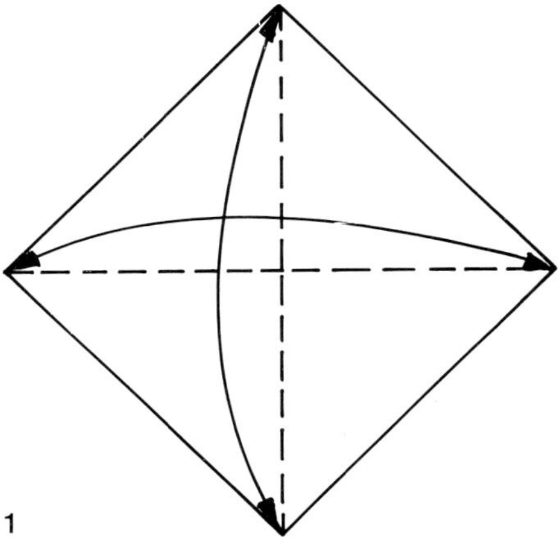

1

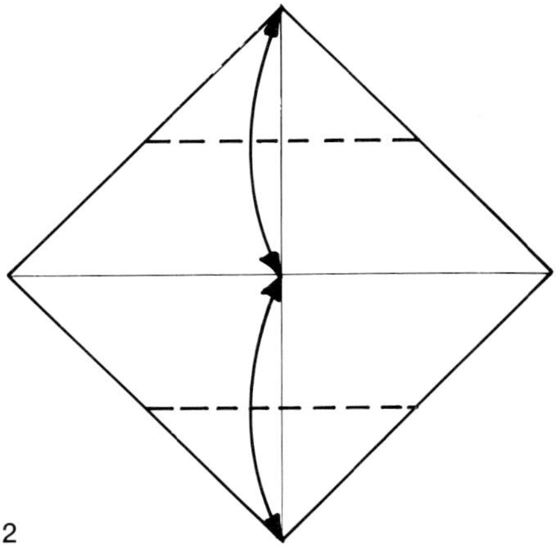

2

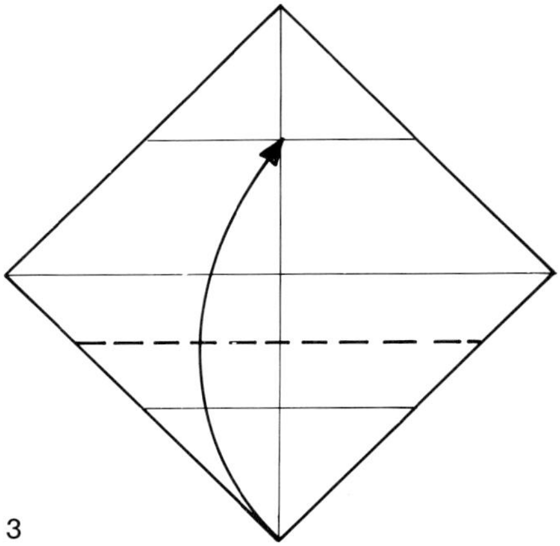

3

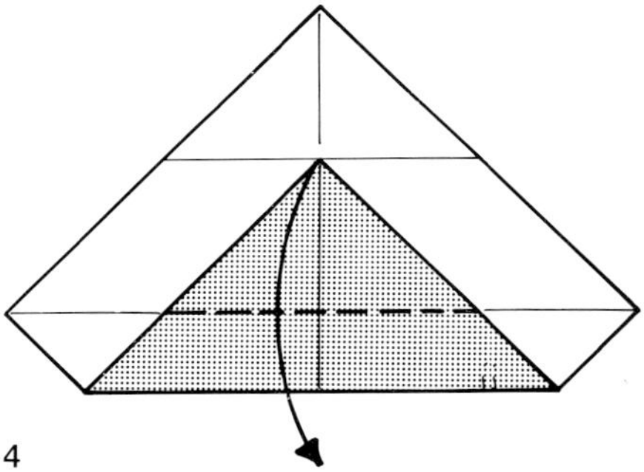

4

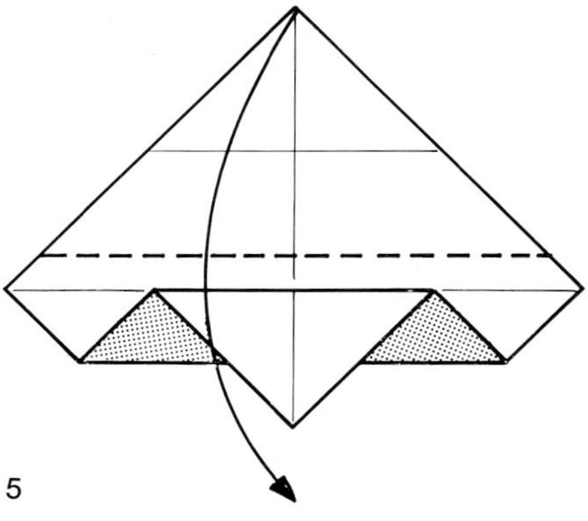

5

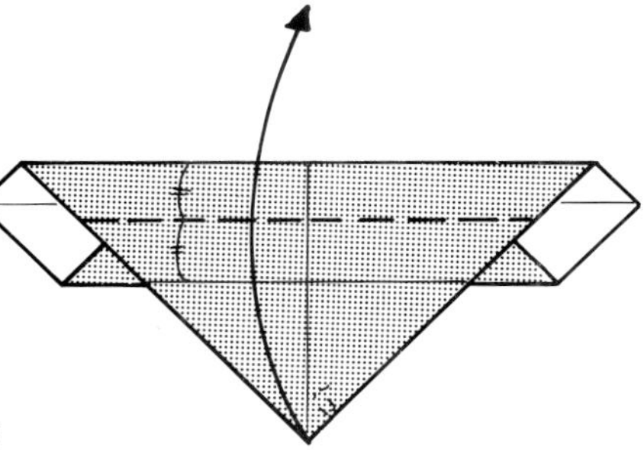

6

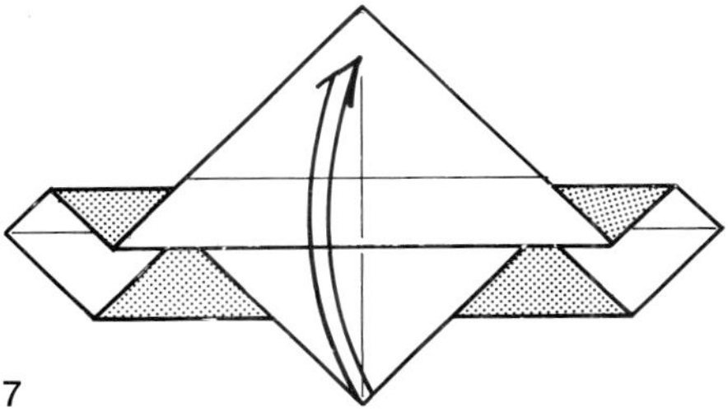

7

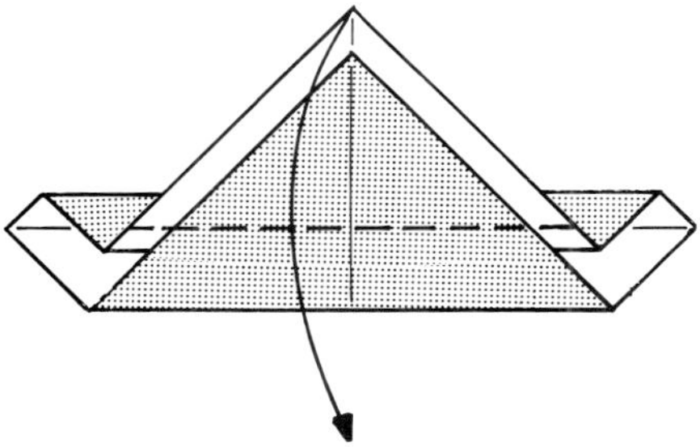

8 Jetzt werden immer zwei Lagen gleichzeitig gefaltet, auch wenn sie versetzt liegen.

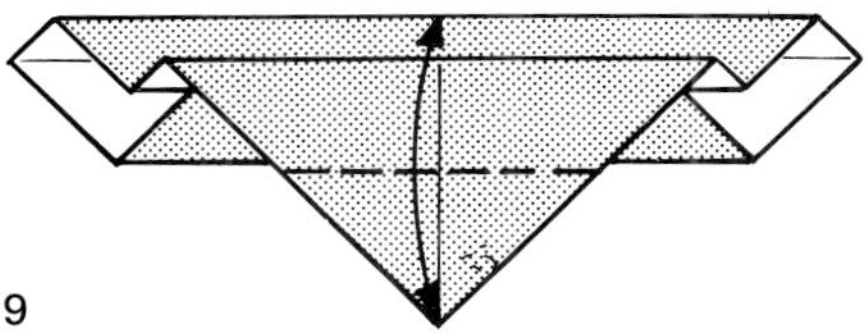

9

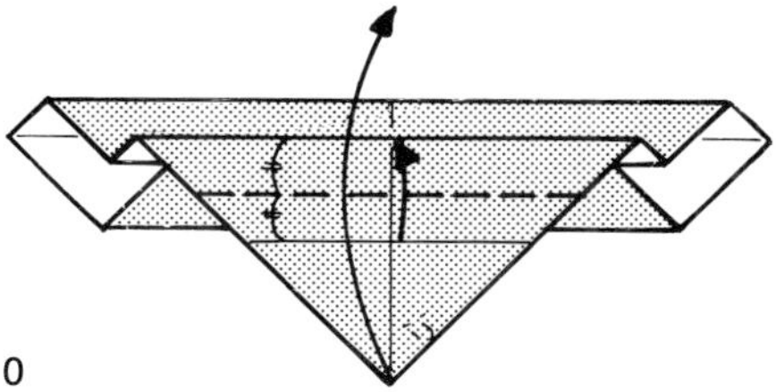

10

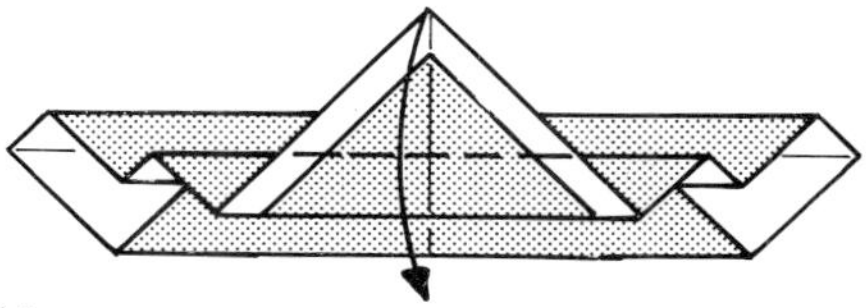

11

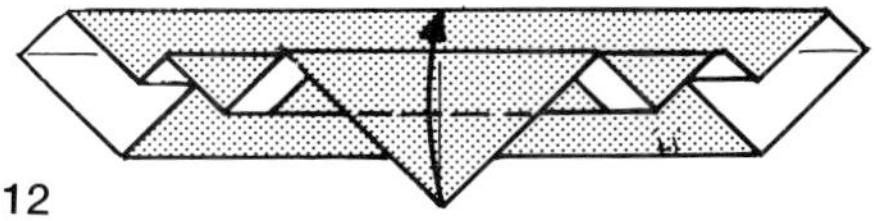

12

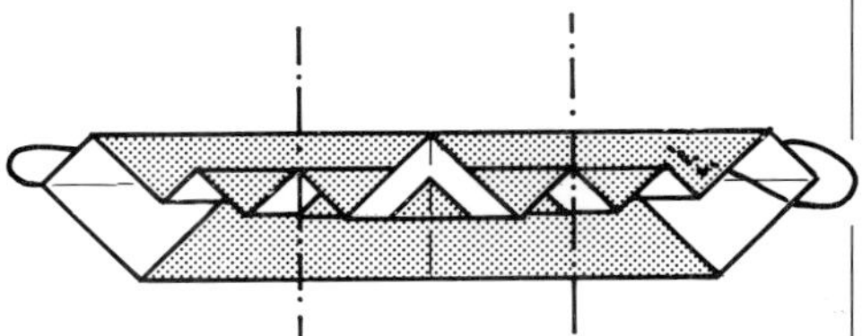

13 Die linke und rechte Seite nach hinten ineinanderfalten.

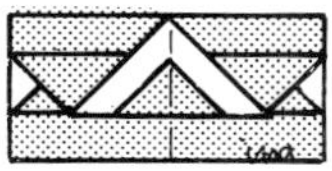

14 Die Endfigur von vorne (S. 6 und S. 19).

Geldschein-Schmetterling

Der Schmetterling kann aus jedem Geldschein gefaltet werden. Auf einer Karte befestigt oder zwischen Blumen ist er ein dekoratives, kreatives und vor allem willkommenes Geschenk. Wir haben sogar einen ganzen Strauß aus Schmetterlingen und Spiralen-Blättern gemacht (S. 17). Ein sehr originelles Geschenk von etwa DM 100,– (plus Blumen).
Da Banknotenpapier ziemlich steif ist, müssen die Falten fest eingestrichen werden. Zerknittertes oder gefaltetes Geld hat nichts von seinem Wert verloren, außerdem können die schlimmsten Falten herausgebügelt werden.

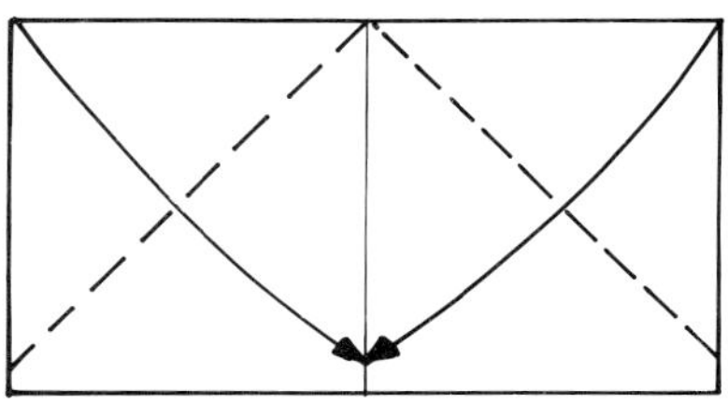

1

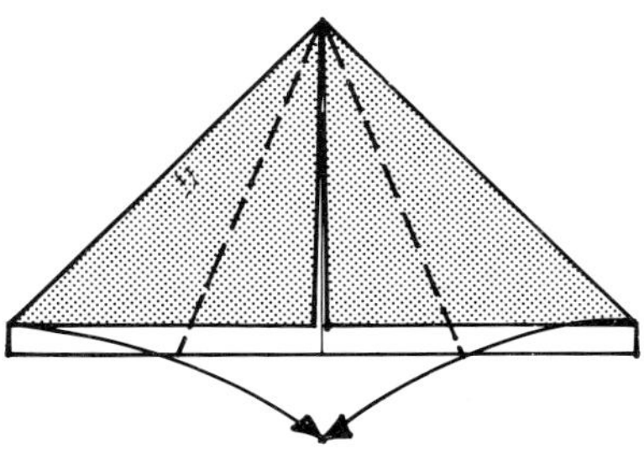

2

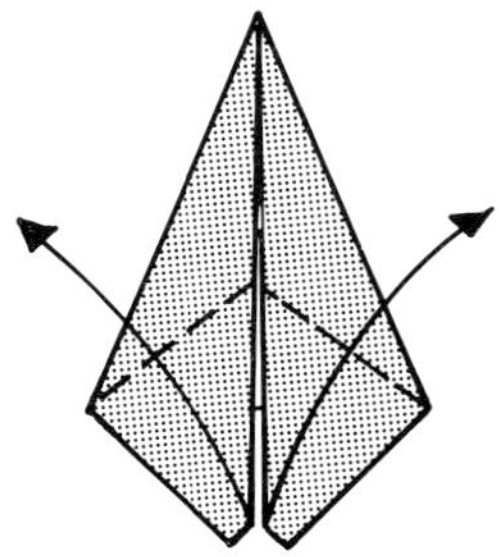

3

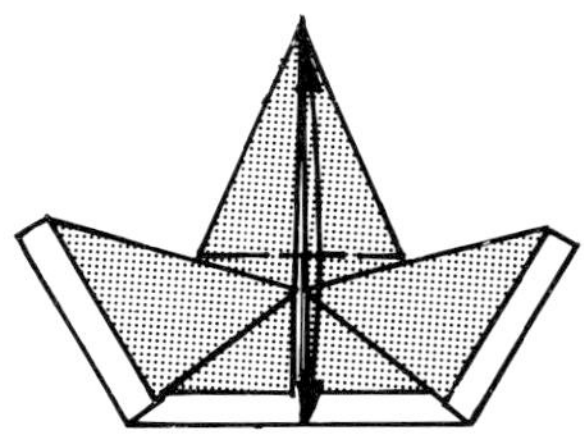

4

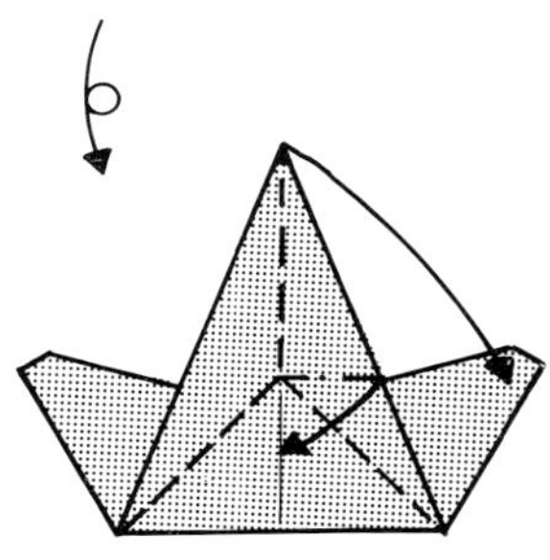

5

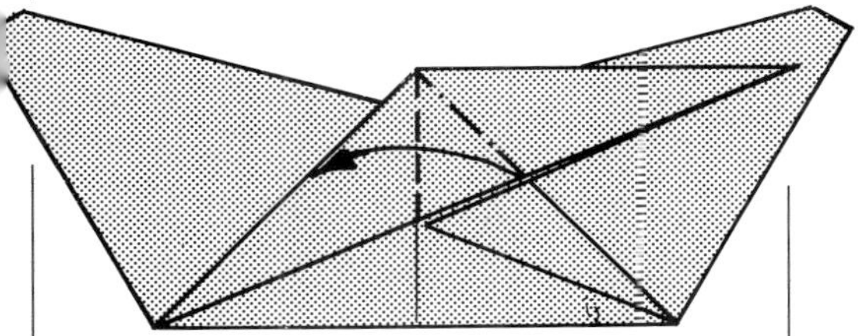

6 Hier machen wir eine Kaninchenohrfalte.

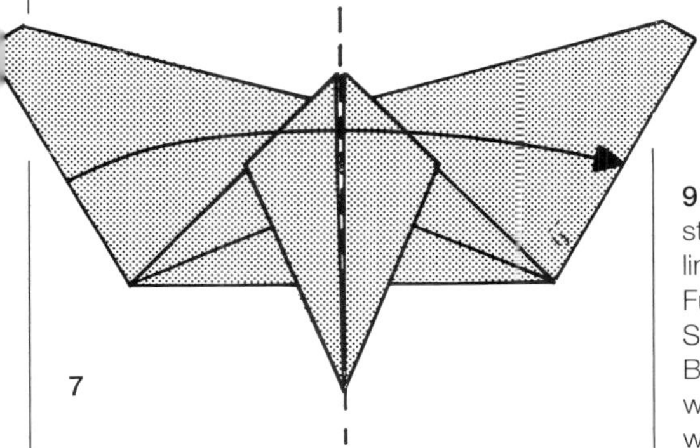

7

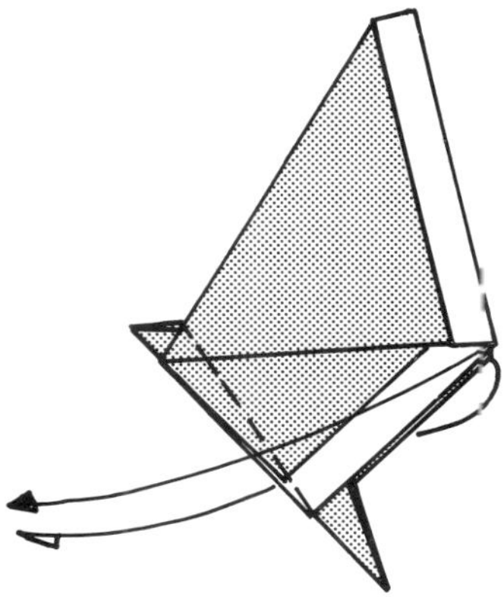

8

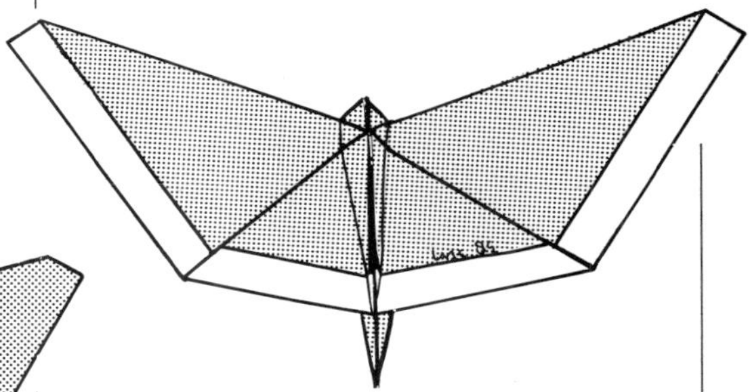

9 Auf beiden Seiten die Falten scharf einstreichen, um den Körper des Schmetterlings zu formen.
Für den Blumenstrauß klebten wir die Schmetterlinge und die runden Blätter auf Blumendraht, der mit grünem Band umwickelt wurde. Nehmen Sie entweder wasserlöslichen Kleber, denn der löst sich wieder leicht, oder sehr dünn aufgetragenen Alleskleber.

Geldschein-Vogel

Diesen Vogel können Sie wieder aus jedem beliebigen Geldschein machen, die Größe ist unwichtig.
Wir nahmen den Vogel als Dekoration für eine Karte (S. 17). Dieses nette Präsent ist bestimmt sehr willkommen, vor allem, wenn Sie es persönlich überreichen!

1

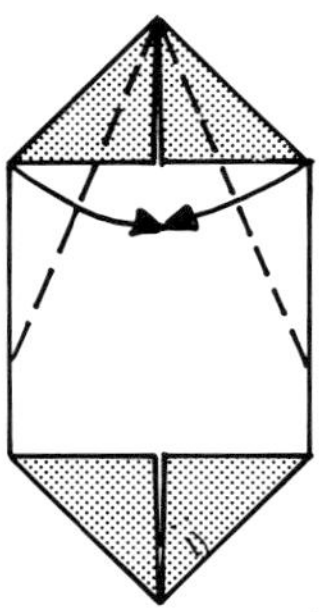

2

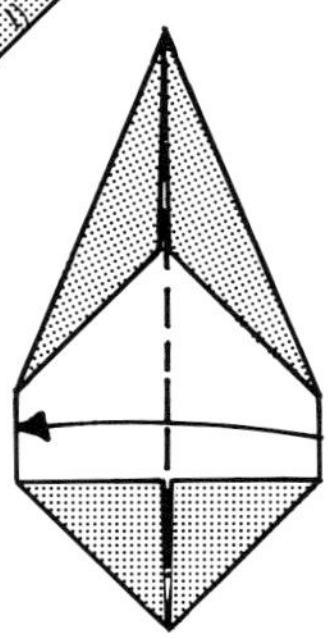

3

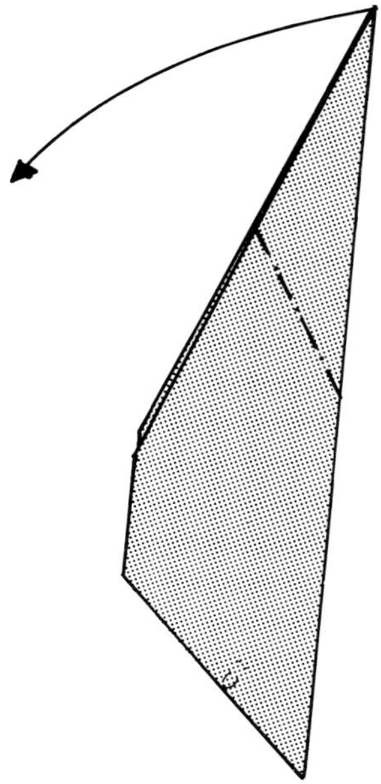

4

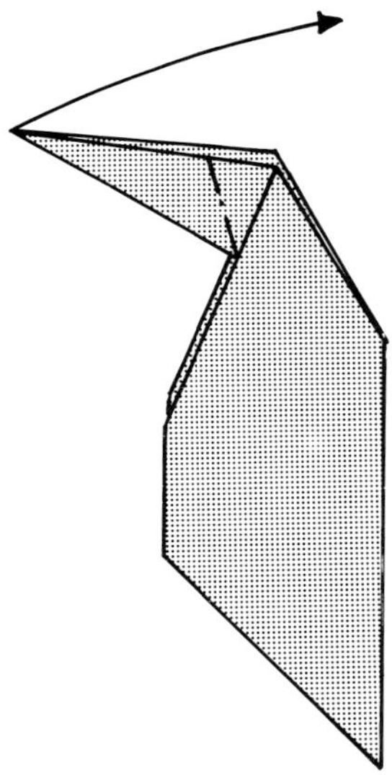

5

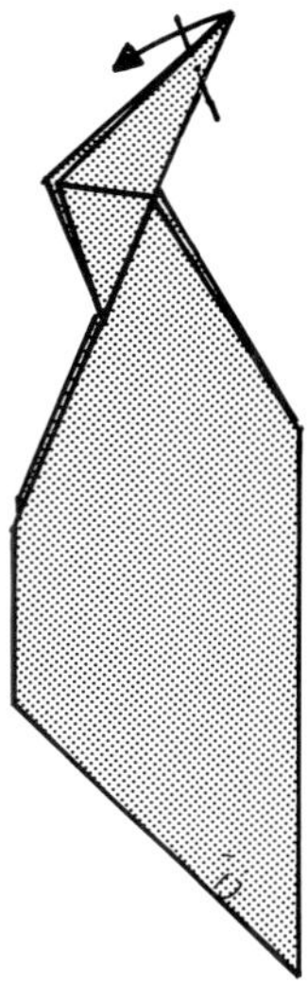

6

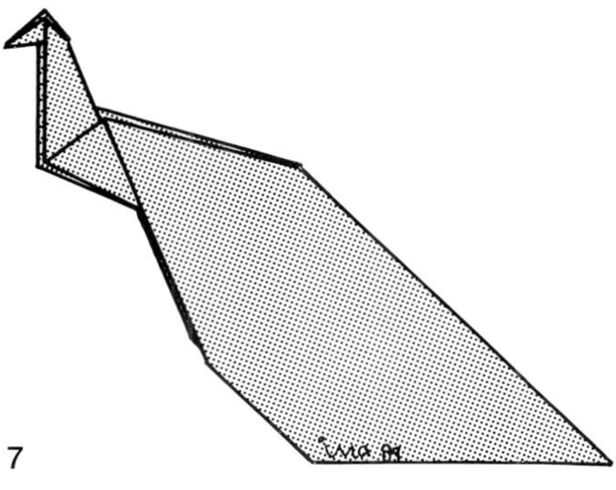

7

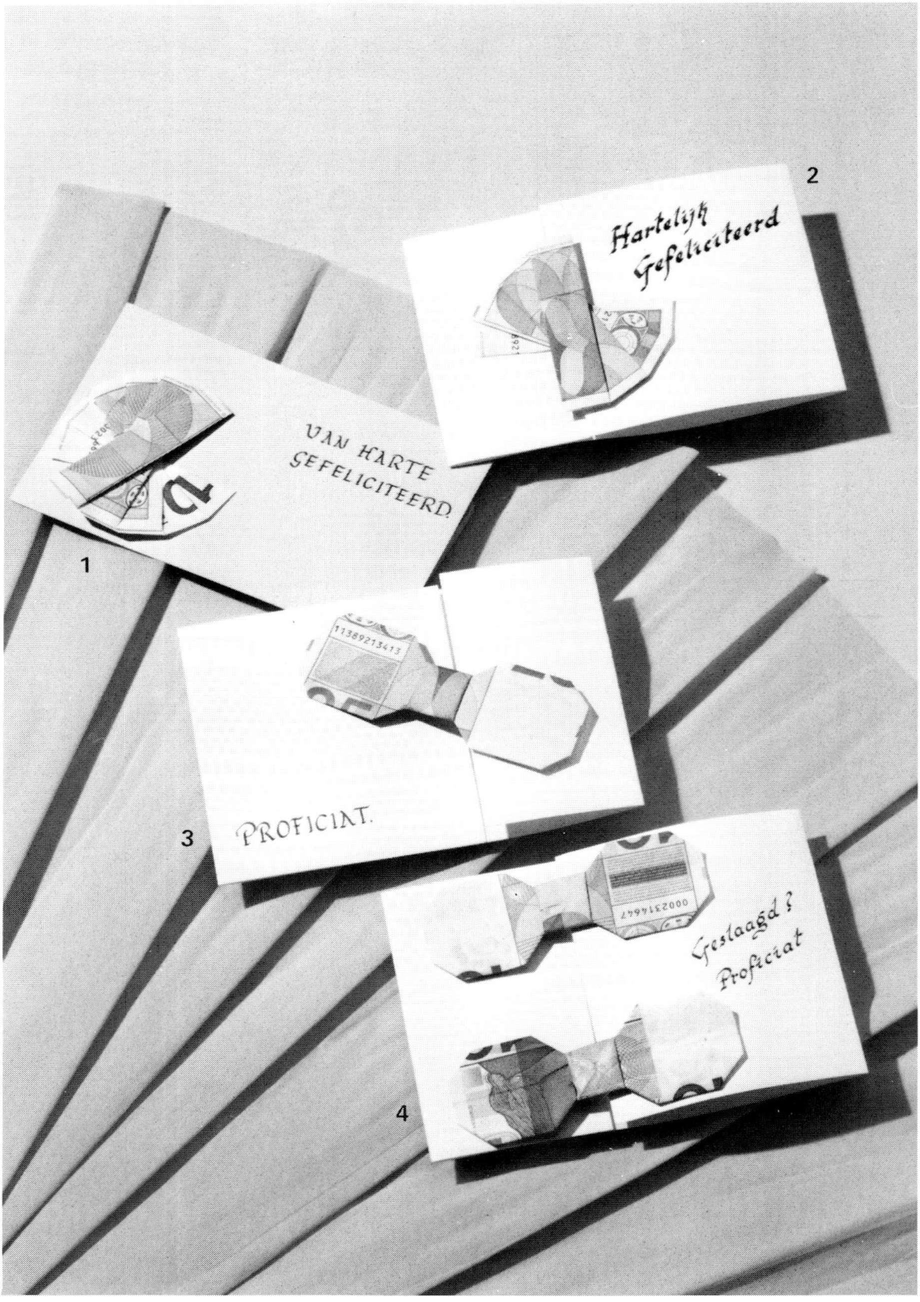
2
Hartelijk
Gefeliciteerd
VAN HARTE
GEFELICITEERD.
1
11389213413
PROFICIAT.
3
0002314647
Geslaagd ?
Proficiat
4

Geldschein-Schleife

Auch dieses Modell können Sie wieder aus Banknoten jeder Größe anfertigen. Auf einer Karte machen sich die Schleifen besonders gut, doch gibt es natürlich noch viele andere Möglichkeiten, mit dieser Geldschleife etwas Nettes zu machen.

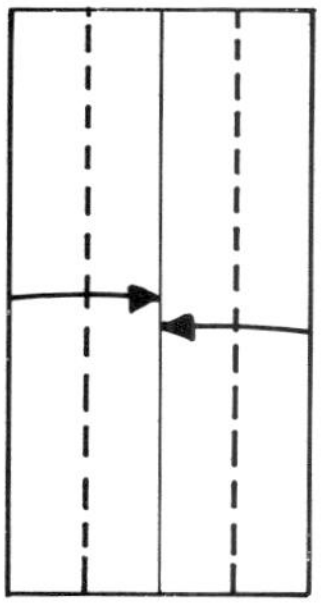

1

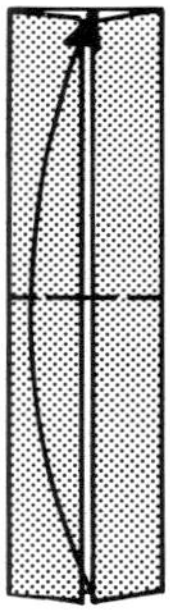

2

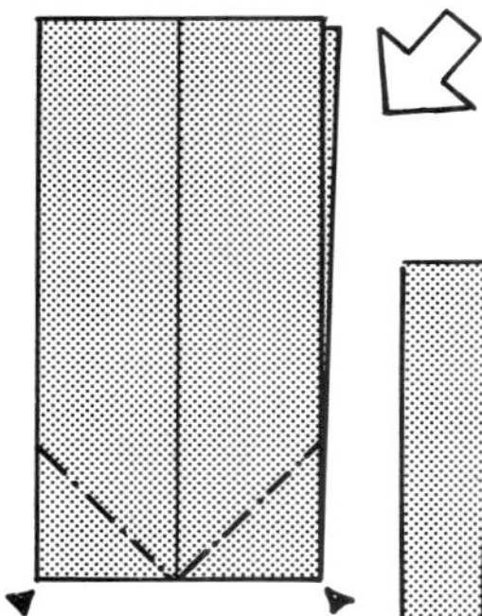

3

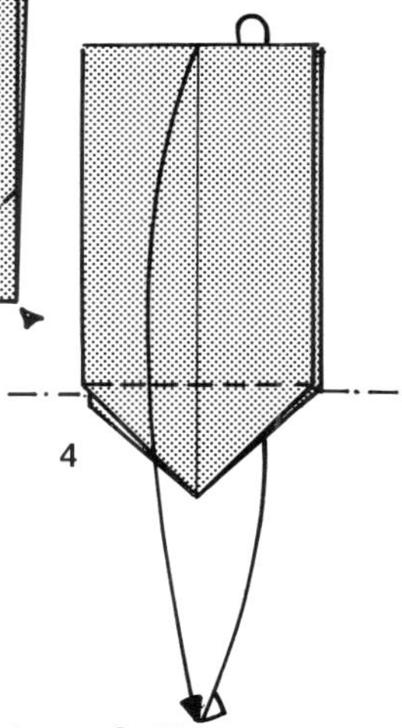

4

◀ Abbildung 5

1 Geldschein-Spirale von S. 50

2 Geldschein-Spirale von S. 50

3 Geldschein-Schleife von S. 49

4 Geldschein-Schleife von S. 49

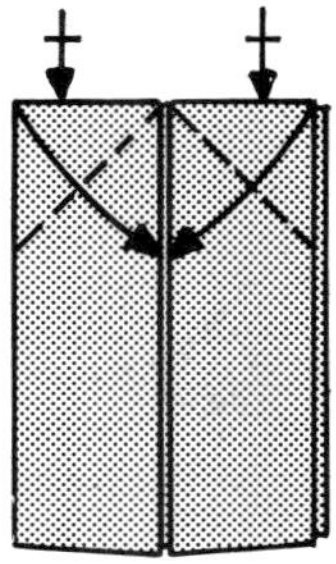

5

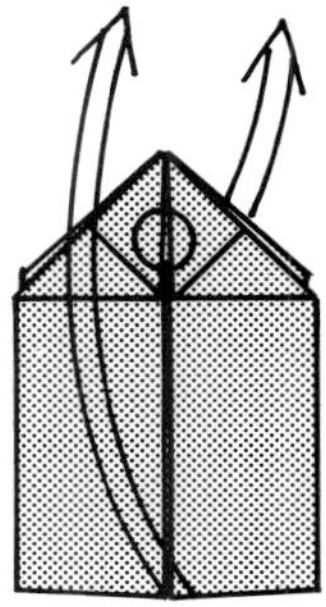

6 Herausziehen; das Dreieck mit beiden Zeigefingern festhalten.

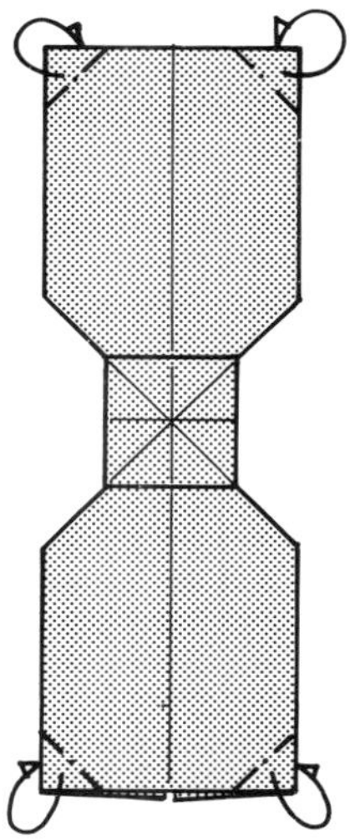

7

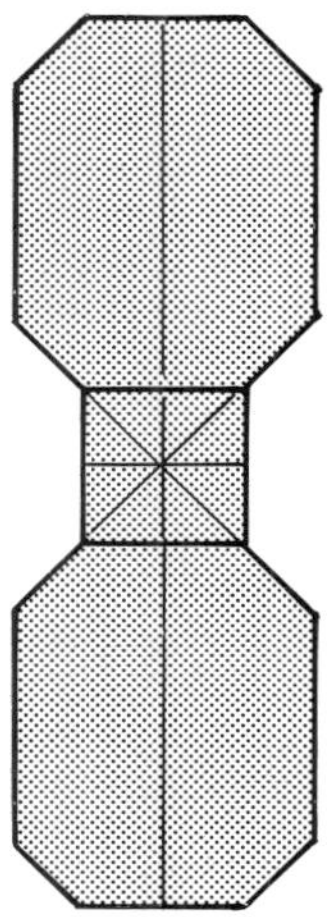

8

Geldschein-Spirale

Diese Spirale läßt sieh auf vielfältige Weise verwenden: als Blatt in einem Strauß (S. 17) oder als eine Art Schleife auf einer Karte (S. 48). Auf den Skizzen sieht die Schleife ganz weiß aus, aber das ist mit Geldscheinen natürlich anders. Mit einem kleinen Trick machen Sie aus der Spirale die Schleife.

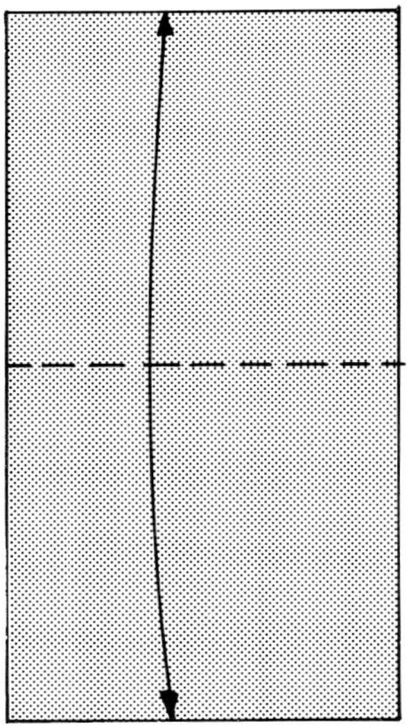

1

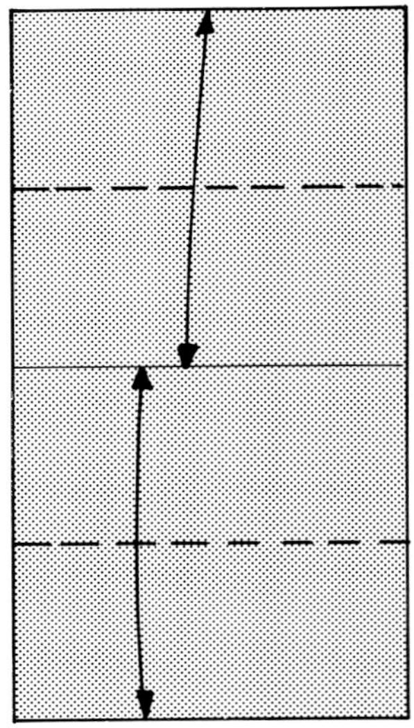

2

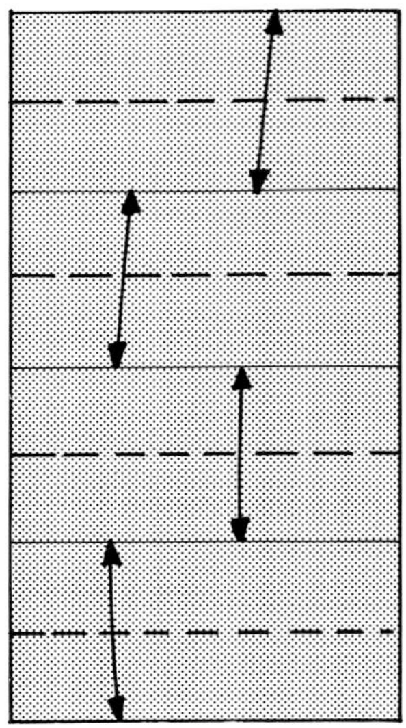

3

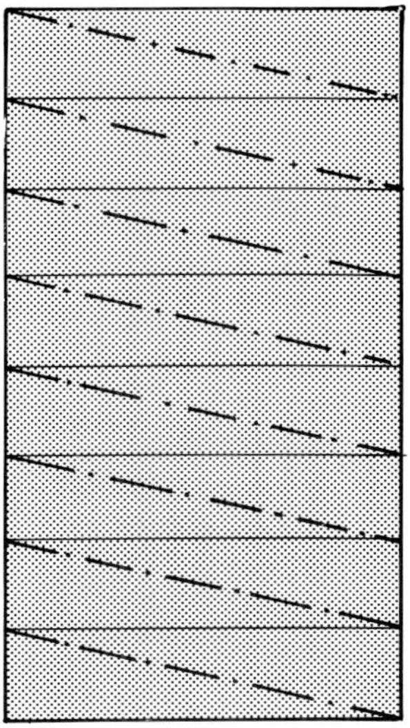

4

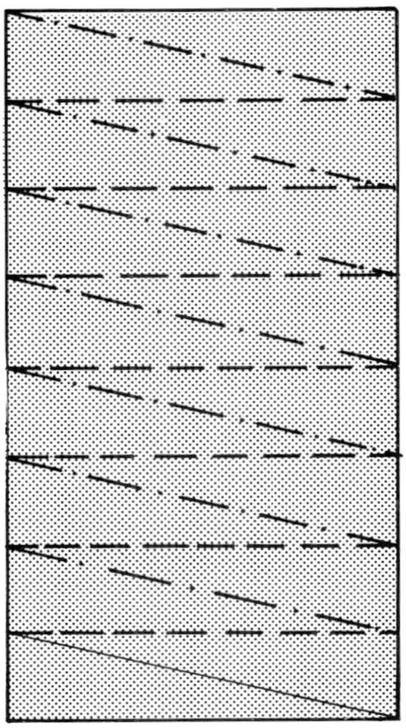

5 Nach den Tal- und Bergfaltelinien zusammenfalten.

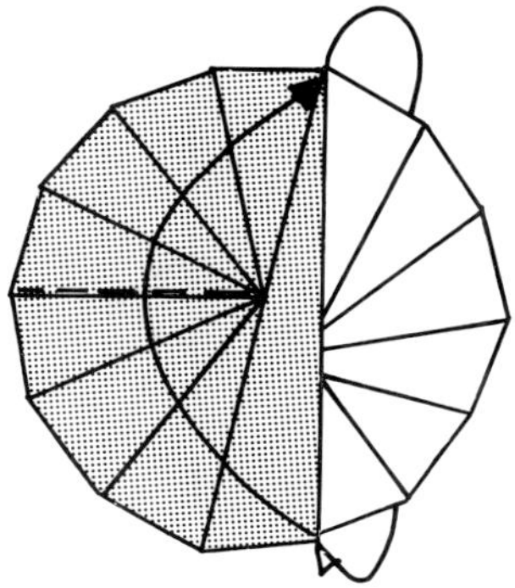

6 Wenn Sie die Spirale teilweise herumklappen, entsteht die Schleife.

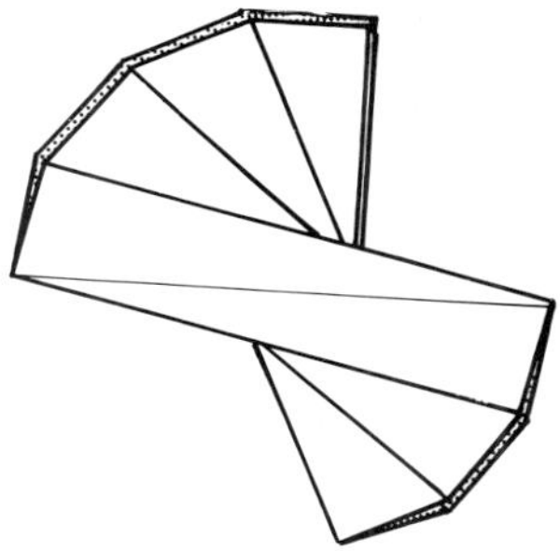

7

Verlag Th. Schäfer · Hannover

Hans Mårtensson

Drechseln nach alten Vorlagen

Reizvolle gedrechselte Gegenstände aller Art. Ein Buch mit phantasievollen Anregungen und herrlichen Vorlagen für das Hobby-Drechseln. Der Schwerpunkt des Buches liegt auf den zahlreichen Arbeitsanleitungen für gedrechselte Gegenstände aller Art. Die Vorschläge reichen von einfachem Spielzeug, Figuren und Kerzenhaltern über Schüsseln und Schalen bis zu Flöten und einem Spinnrad.

128 Seiten, 15 × 20 cm, 200 Abb., mehrfarb. flex. Einband
Best.-Nr. 9202

Dick van Voorst

Kreatives Arbeiten mit Wellpappe

Was die wenigsten wissen: Wellpappe eignet sich – wie dieses Buch deutlich macht – hervorragend zum Basteln und für künstlerisches Arbeiten. Der Autor zeigt dies anhand vieler Beispiele, etwa Gebäuden verschiedenster Art, Brücken, Mühlen, Maschinen. Viel Raum bleibt für eigene Ideen. Jugendliche, aber auch Erwachsene finden hier viele Anregungen zur Freizeitgestaltung.

72 Seiten, 20 × 20 cm, 8 Farbtaf., mehrfarb. flex. Einband
Best.-Nr. 9204

Postfach 54 69 · 3000 Hannover 1